旦《だん》那《な》場《ば》

近世被差別民の活動領域

大熊哲雄・斎藤洋一
坂井康人・藤沢靖介

現代書館

旦那場　近世被差別民の活動領域＊目次

はじめに

本書のタイトル「旦那場」を見て、どんなイメージを持つだろうか？　本書は旦那場・勧進場をテーマとする初の単行本である。

論文類を別にすると、奈良県立同和問題関係史料センターの企画展示「草場」の冊子があるだけだから、筆者らは、できれば旦那場を正面にすえた単行本にして、広く問題提起したいと考えてはいた。だが、現今の出版事情ではむずかしいなぁー、と思っていた。ところがある日、現代書館の村井三夫さんから、このテーマで本を出したい、というお話をいただいたのである。筆者は二つ返事でありがたくお受けした。その時、いの一番に〝売れませんよ〟と念を押したのに、村井さんは〝そんなことないでしょう〟と応じてくれた。かくして本書が創られることになった。

さて、旦那場とは何か。本文と重複するが、あらかじめ簡単に説明させていただく。

近世には、斃《たお》れた（死んだ）牛馬を無償で入手し、それを解体・処理して皮を採り、鞣《なめ》す営みは、長吏・かわた（「穢多」）の専業・「職分」とされていた。その権利の領域・場所的仕切りは、関東では「職場」、近畿では「草場」などと呼ばれた。そして地域の警備・見廻りや牢番や刑務も、ほぼ同一の旦那場のうえで遂行される実態があった。それらも長吏・かわた、「非人」の専門の役割であった。いわゆる勧進廻りもあった（村や家々を廻って何らかの儀礼的な営みや芸をし、銭や穀物を受ける）。長吏・かわたのいわば活動領域（専業とされた仕事や役割とその場所的仕切り）を「旦那場・勧進場」（略して「旦那場」）と総称するものである。

この旦那場とその権利は、一九七〇年代までは、斃牛馬《へいぎゅうば》処理を中心に検討され、政治権力によって長吏・かわたに与えられたものと考えられる傾向があった。その仕事・役割も、人のいやがる仕事や役儀を強制されたものとされていた。ところが旦那場・勧進場は長吏・かわたが仕切っていて（後述のように牢番役の配置でさえ）、領主も百姓・町人も踏み込まないという事実が明らかになってきた。そこで問題の抜本的捉え直しが必要になった。

もう一つ重要な点は、民間宗教者や芸能民への着目である。彼らはしばしば「穢多・非人同然のもの」といわれ差別を受けてきた。それゆえおおむね被差別民と捉えられてきたのである。その民間宗教者や芸能民にもそれぞれの旦那場・勧進場がある。筆者らはそこを重視して研究してきた。

民間宗教者・芸能民が勧進場を持つことは、もちろん知られてはいた。しかし、部落史研究の側からも、民間宗教者や芸能民の歴史研究からも、双方を視野においた検討はされていなかった。民間宗教者・芸能民、「賤民」の勧進廻りについては、それを単なる身すぎ、物乞いと捉える見方が古くから根強く存在した。そのため、それらの旦那場のあり方も、その権利も検討課題として意識されない傾向があった。一九九〇年代には、部落史を意識した民間宗教者や芸能民の歴史研究も進むが、その中でも旦那場論をスポイルする指向も見える（その代表的なものが「身分的周縁」論であると考える）。

さて本書の内容と構成にふれておこう。

まず、対象とする時代は近世（織豊政権期〜江戸時代）においた。旦那場がそれ以前にさかのぼることは、西日本の史料に見え、東日本でも想定はできるが、裏づける史資料が今はない。そこで、研究が進んでおり近現代に接する近世からアプローチすることとした。

また、「被差別民」の内でも主に長吏・かわたを、地域的には、関東・甲信越を対象とした。収録できなかった相州や近畿はもちろん、西日本、東北などにも研究はあり、甲信越でもやや違った実態もあるが、ここでは紙数の関係で、不充分にしか収録できなかった。

しかし、他の地方や、長吏・かわた以外の「賤民」については、第四章の中で、最小限ではあるがふれている。民間宗教者・芸能民については、第四章の一節をあて、主に長吏・かわた、「非人」との争論の要点に着目して、両者の「勧進場」の性格を検討した。

第一章（大熊哲雄・執筆）は、関東、弾左衛門支配下の長吏の旦那場のあり方を、「職場」（皮取場）を中心に分析したものである。ここでは、現在知られているほぼすべての「職場絵図」「職場日割帳」を示し、意識的に勧進・旦那関係を調べたものと思われる青梅の旧村役人・中村家文書も活用して、地域における実態をつぶさに分析している。

第二章（斎藤洋一・執筆）は、弾左衛門支配の外である、信濃国の旦那場のあり方を描いている。長吏の旦那場は第一義的に斃牛馬処理の場だという狭い固定観念は打ち破られ、「一把稲《いちわいね》」慣行、地域警備、牢番役などをめぐる旦那場の意味が、豊富な地域史料で具体的に明らかにされる。

第三章（坂井康人・執筆）は、北関東（下野、下総）の、地域警備に焦点をあてて、旦那場との関係性を問うたものである。近世の北関東では勧進廻りが盛行し、時代の進展のなかで浪人や虚無僧の村々への徘徊も大きな問題になる。長吏・「非人」が地域警備に当たり、そこに様々な問題が現出する。その意味を改めて旦那場、勧進廻りとの関係で考察している。

第四章（藤沢靖介・執筆）は総論に当たるが、やや抽象的でとりつきにくいためここに配置した。後半の部分で長吏・かわた以外の「被差別民」との関係にふれ、旦那場関係の広がりと、その歴史的性格・意味を、改めて問おうとしたものである。

藤沢靖介

〔凡例〕

一、旦那場・勧進場には、本文でも述べるように、様々な表現・呼び方があるが、本書では、概念としては、旦那場・勧進場をこれにあてる。その短縮のための略称として旦那場の語を用いる。本書表題の「旦那場」もそうした表現である。

一、「穢多」という語は、中世からあり、江戸時代には身分制度上の語、公式の身分呼称とされた。語源にはなお定説はないが、当初から極めて差別的な言葉として使われたことは明らかである。長吏・かわたの人々は、外部から押しつけられた差別的呼称として、この語を嫌い極力使わなかった。そのことに習い、本書では長吏、かわたの表現を用い、「穢多」の語には、括弧をつける。なお「非人」にも同様に括弧をつけて表記する。

一、「賤民」の語にも括弧をつける。その含意は、「賤しい民」との把握に安易に同調せず、「賤しいとされた民」と、厳密に解釈することにある。

一、引用史料は、読みやすいように読み下し文に改めた。その際、誤字や脱字を訂正したものがある。

一、初出後、本に収録されている論文は本の出版年と論文の初出年を記した。例（塚田一九八六、初出一九六〇）。

第一章　弾左衛門体制下における長吏旦那場

大熊哲雄

一　長吏・かわたの旦那場について

長吏・かわたの旦那場に関しては、畿内・近国における斃牛《へいぎゅう》馬《ば》処理権のシステム解明が先行し、その皮取場としての性格とそれを示す芝場・清目場等の呼称が明らかとなった。

東日本、とりわけ弾左衛門体制下の斃牛馬処理システムについても、急速にその解明がなされてきた。その過程で、弾左衛門体制下の全域で旦那場分割が緻密に行われていたことが明らかになった。そして旦那場の姿を端的に示すものとして、「職場絵図」と呼ばれる旦那場の絵図や「職場日割帳」と呼ばれる旦那場に関わる権利分割を記した帳面が作成されていたことも明らかになった。

なお、弾左衛門体制下で旦那場が特に「職場」と呼ばれたのは、次のような事情によると考えられる。長吏頭弾左衛門はその地位を築くに当たって、皮革の収集と公儀への上納を最重要役儀としてきた。そのため皮革取得の手段となる斃牛馬処理の活動は長吏の職分であると強調した。そしてその職分を実現する場である旦那場を、職分の場――即ち職場――と呼んだと考えられる。このような斃牛馬処理の場としての旦那場の側面・性格は皮取場とも呼ばれる。

他方、以前から長吏・かわたの芝居興行に対する櫓銭《やぐらせん》の徴収や社寺祭礼・市における商人からの市《いち》銭《せん》・芝銭《しばせん》の徴収、あるいは吉凶に事寄せた勧進等が旦那場を舞台に行われていたことが注目されてきた。旦那場はそうした勧進が実現される場（すなわち、勧進場）という性格も持っていたことが明らかになってきた。ただし、畿内・近国では、この勧進場としての性格は江戸時代前半には消滅に向かっていたようである。しかし、東日本では、右の二つの性格（皮取場としての側面と勧進場としての側面）が幕末までほぼ維持されたものと思われる。

しかし、東日本といっても、特に長吏頭弾左衛門の支配地域に顕著に見られる特徴だった。弾左衛門は江戸浅草に居住し、個別領主の領域を越えて長吏・非人・猿廻しを統轄・支配していたが、その支配地域は関東八カ国と伊豆国、および駿河国・甲斐国・陸奥国の一部、全部で一二カ国に及んだ。ただし、日光神領・水戸領・喜連川領の三地域は支配外だった（第1図）。そこで以下、弾左衛門体制下の長吏旦那場（以後の文中では単に旦那場あるいは職場と述べる）に限定し、旦那場分割の実態解明に重点を置きながらその他二、三の特徴的な点について述べていく。

なお、弾左衛門側では旦那場を「職場」と呼んだように、その皮取場としての側面を重視し勧進場としての側面に対しては関心が薄かったように思われる。そこで以下の文章では原則として「職場」の語を用い、必要に応じて「旦那場」の語も用いる。しかし各地長吏集団側にとっては、勧進場としての側面も重要な意味と存在価値を有していた点を見落としてはならないと考える。

第１図　江戸時代後期　弾左衛門支配地域

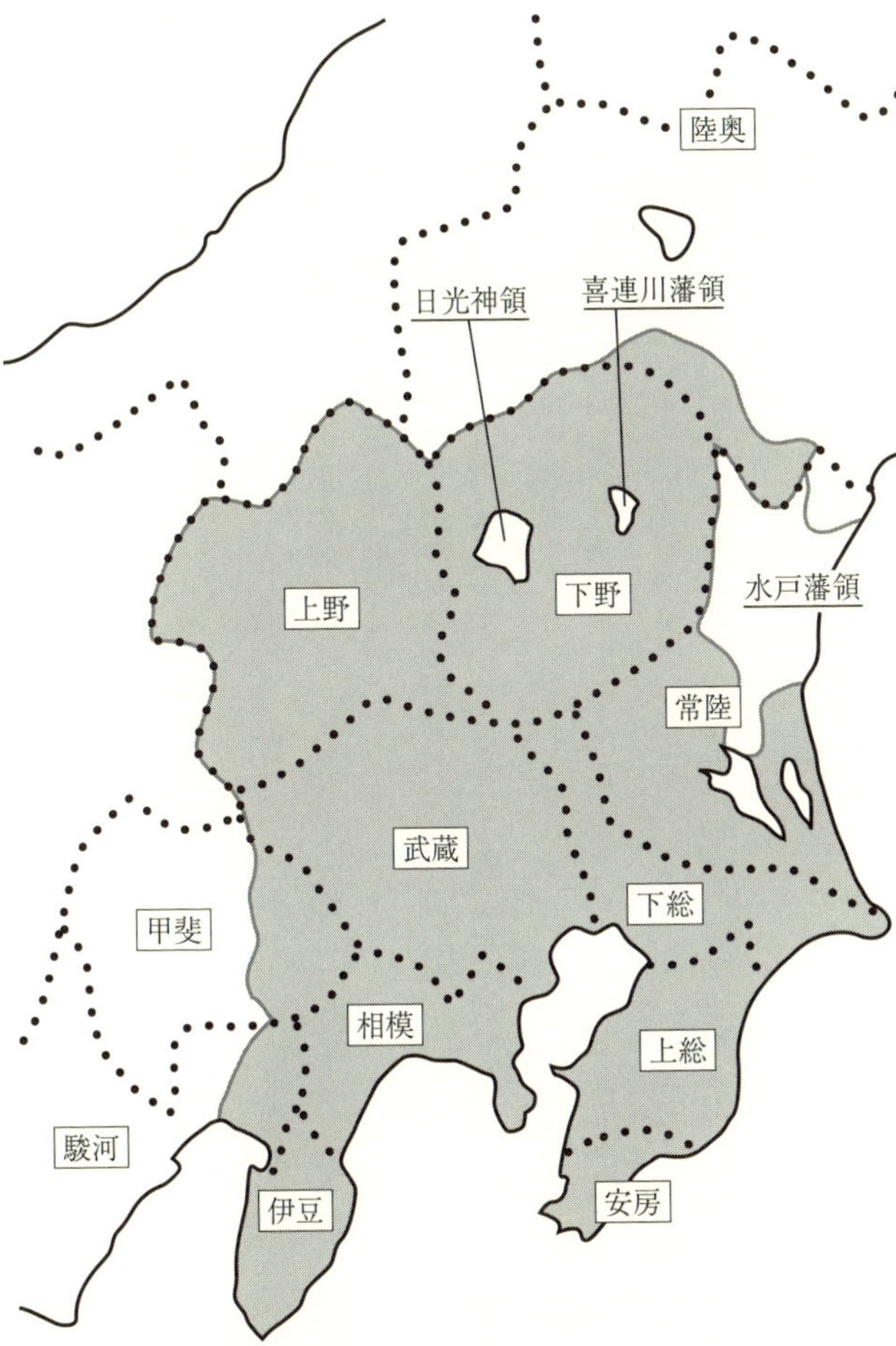

二　第一の特徴——職場（旦那場）分割が徹底していた点

職場分割の実態と三つの重要情報

東日本において職場が形成された時期は恐らく戦国時代から江戸時代初期と思われるが、私の知る限りその形成過程を具体的に解明した業績は見出せない。そこでその点は保留し、以下ほぼ完成されたと思われる江戸時代中後期の職場に関して述べる。

第1表は、筆者がこれまで知り得た「職場絵図」と呼ばれる弾左衛門体制下における旦那場の絵図一覧である。また、第2表は、同じく「職場日割帳」と呼ばれる職場の範囲や権利分割の様子を詳細に記した帳面の一覧である。どちらも職場という語が用いられており、前述したような弾左衛門体制下における旦那場の特徴が示されているのである。これらの職場絵図にはほとんど表題はなく、職場日割帳もどこの職場であるか表題として明示していないものが多い。そこで、両表においては国名・職場名を【　】内に補い、どこの職場絵図であるかどこの職場日割帳であるかが一見してわかるように表記する。そして、以後の説明においてもこの表記を用いる。

以下、右の二つの表に掲げた資料を用いて(1)〜(4)の四つの職場について検討を加え、それをとおして弾左衛門体制下における職場絵図の特質と職場分割の徹底した姿を確認していくことにする。

第１表　職場絵図一覧表

番号	名　称	年号・年次	西暦	出典・所蔵者等
1	【武蔵国和名場】職場絵図	寛政６年	1794	「鈴木家文書」2070番
2	【武蔵国和名場】職場絵図	文政６年	1823	「鈴木家文書」2068番
3	【武蔵国和名場】職場絵図	年不詳		「鈴木家文書」2069番
4	【武蔵国和名場】職場絵図	年不詳		「鈴木家文書」2118番
5	【武蔵国松山場】職場絵図	文政13年	1830	『東松山市・通史編』（近世）付録
6	【武蔵国広谷場】職場絵図	文政13年	1830	埼玉西部地域同和教育研究協議会提供
7	【武蔵国中丸場】職場絵図	文政13年	1830	『埼玉の部落』掲載
8	【上野国館林場】職場絵図	年不詳		『下野国半右衛門文書』付録
9	【上野国植野場】職場解読図	文政13年	1830	井田晃作氏提供
10	【上野国武士場】職場絵図Ａ	文政13年	1830	相川考古館蔵
11	【上野国武士場】職場絵図Ｂ	文政13年	1830	相川考古館蔵
12	【上野国武士場】職場絵図Ｃ	文政13年	1830	相川考古館蔵
13	【上野国武士場】職場絵図Ｄ	文政13年	1830	相川考古館蔵
14	【上野国武士場】職場絵図Ｅ	文政13年	1830	相川考古館蔵
15	【下野国藤岡場】職場絵図	文政13年	1830	『下野国太郎兵衛文書』掲載
16	【下野国足利場】職場絵図	文政13年	1830	『下野国半右衛門文書』付録
17	【下野国足利場】職場絵図	文政13年	1830	「下野国半右衛門文書」32番
18	【下野国足利場】職場絵図	年不詳		「下野国半右衛門文書」116番
19	【下野国小山場】職場絵図	天保12年	1841	『関東・東海被差別部落史研究』掲載
20	【相模国大磯場】職場絵図	文化元年	1804	神奈川県文化資料館蔵
21	【相模国宗源寺場】職場絵図	年不詳		『部落解放』375号掲載

第2表　職場日割帳

番号	名　　称	年号·年次	西暦	出典・所蔵者等
1	【武蔵国和名場】村書上之覚	享保11年	1726	『鈴木家文書』212番
2	【武蔵国和名場】職場改帳	延享5年	1748	『鈴木家文書』217番
3	【武蔵国和名場】場境并小前帳	天明元年	1781	『鈴木家文書』226番
4	【武蔵国和名場】場境并小前帳	寛政6年	1794	『鈴木家文書』233番
5	【武蔵国和名場】場境并小前帳	文化元年	1804	『鈴木家文書』241番
6	【武蔵国和名場】場境并小前帳	文政6年	1823	『鈴木家文書』246番
7	【武蔵国和名場】場境并小前帳	文政13年	1830	『鈴木家文書』250番
8	【武蔵国広谷場】檀中場境職場日割取調帳	嘉永3年	1850	『宮根家文書』参考資料4番
9	【上野国植野場】指上申場日之覚	延享5年	1748	『群馬県被差別部落史料』57番
10	【上野国植野場】場御改帳	天明元年	1781	『群馬県被差別部落史料』58番
11	【上野国植野場】日割御改帳	文政13年	1830	『群馬県被差別部落史料』61番
12	【上野国植野場】職場日割帳	文政13年	1830	『群馬県被差別部落史料』62番
13	【下野国佐野場】村々日割場所持主書上帳	文化元年	1804	『下野国太郎兵衛文書』123番
14	【下野国佐野場】村々日割場所持主書上帳	文政6年	1823	『下野国太郎兵衛文書』124番
15	【下野国佐野場】職場日割帳	文政13年	1830	『下野国太郎兵衛文書』125番
16	【下野国佐野場】職場日割帳	文政13年	1830	『下野国太郎兵衛文書』126番
17	【下野国佐野場】職場日割帳	天保12年	1841	『下野国太郎兵衛文書』127番
18	【相模国田名場】職場日割帳	天明元年	1781	神奈川県立公文書館蔵
19	【相模国浦賀場】場中御改書上帳	文化元年	1804	神奈川県立公文書館蔵
20	【相模国田村場】場日御改帳	文化元年	1804	神奈川県立公文書館蔵
21	【相模国中依知場】職場御改帳	文化元年	1804	神奈川県立公文書館蔵
22	【相模国藤沢場】職場日割帳	文政6年	1823	神奈川県立公文書館蔵
23	【相模国板戸場】職場絵図面日割帳	文政13年	1830	神奈川県立公文書館蔵
24	【相模国岡田場】檀中村々場境捨場所并日割帳	文政13年	1830	神奈川県立公文書館蔵
25	【相模国岡田場】職場日割之帳	文政13年	1830	神奈川県立公文書館蔵

(1)　武蔵国和名場

第2図は武蔵国吉見郡和名村（現埼玉県吉見町）の長吏小頭甚右衛門に率いられた長吏集団が支配した職場の絵図（第1表1番）である。そこで小頭が居住する村名にちなんでこの領域を和名場（正式には【武蔵国和名場】）と呼び、その職場絵図を【武蔵国和名場】職場絵図と呼ぶ。以下、他の領域についても原則として同様の方式で呼ぶことにする。第3図はこの職場絵図を解読したもので、【武蔵国和名場】職場解読図と呼ぶ（以下、他の職場の解読図も同様）。

さて右の二つの図を通して職場絵図が与えてくれる様々な情報のうち、重要と思われる点を三つ述べておくことにする。第一点は、解読図である第3図に点線で示した場境（原図である第2図には朱色の線で示された境筋）と呼ばれるラインの存在という点である。この場境は、山や川という自然地形や村境（これ自体も自然地形によって形成されることが多い）で区切られていることが多く、また、堂社・大木・岩などの目印を結ぶ線で区切られる場合も少なくなかった。

この場境が重要な意味を持つのは、図の北に「川外北東箕田《みだ》場」とあるように、隣接する長吏集団の職場――この場合、足立郡箕田村（現埼玉県鴻巣市）の長吏集団が支配する箕田場――と隣接していることが明示されている点にある。そして東南隅には「石戸《いしど》場」があり、西には「松山場」がある。それぞれ足立郡石戸宿村（現埼玉県北本市）及び比企郡松山町（現埼玉県東松山市）の長吏集団が支配する職場と境を接していることを示している。この絵図では和名場に隣接する職場同士の境目は明示されていないが、和名場が三つの職場（箕田場・石戸場・松山場）に囲まれ隙間なく境を接していた姿はほぼ見て取ることができよう。

第二点は、職場内の村（旦那村と呼ばれた）の名が記されている点である。和名場の場合職場日割

第２図　【武蔵国和名場】職場絵図

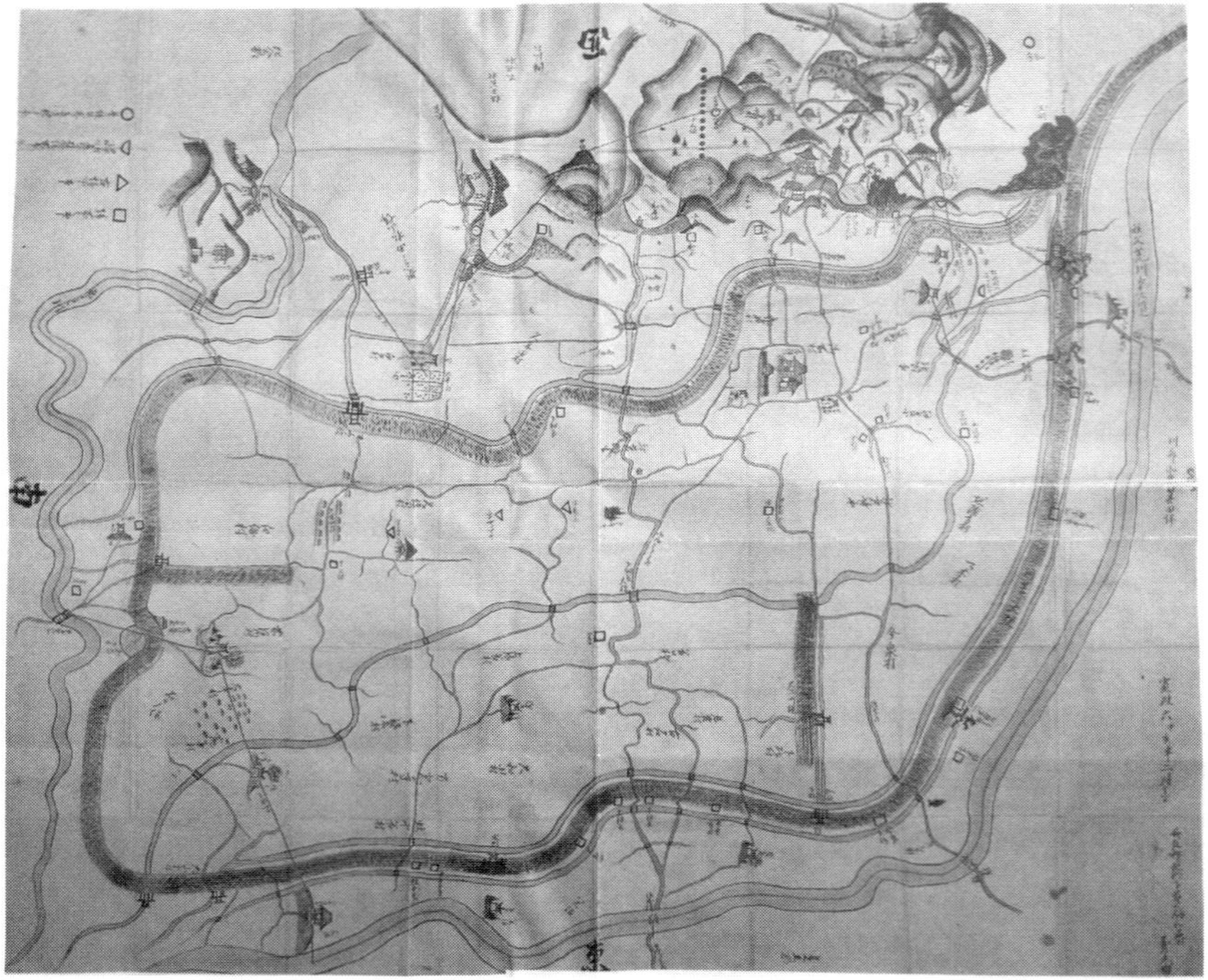

帳も残されているので、和名場に属す旦那村が二六カ村であることと、そのすべての村の名前を知ることができるのである。このように職場の村々が明白になることは、この地域の長吏集団と百姓・町人との関係性や生活・権利などをめぐる諸問題を解明する上で大きな手掛かりとなるのである。

第三点は、斃牛馬捨場（以下、捨場）が書き込まれている点である。絵図には、幾つかの印に注が施されているが、これらはすべて捨場に関するものである。「□　場所之印」とある所は、当時使われていた捨場である。「△　古場所之印」とある所は、以前捨場だった所である。既に使用されなくなった捨場（古場所）を書き込んでおく目的はよくわからないが、恐らく場境紛争や斃牛馬の帰属（取得権）などをめぐる紛争に備えたものだろう。その他の印から、隣接する長吏集団との「持合」（共有）という別側面の問題も浮かんでくるが、ここではこれ以上立ち入らない。

⑵　上野国館林場

第4図は、上野《かみつけ》国館林領成島村（現群馬県館林市）の長吏小頭半左衛門に率いられた長吏集団が支配した職場の絵図（第1表8番）であり、この領域を館林場と呼ぶ。第5図は、この職場絵図を解読したもので、【館林場】職場解読図と呼ぶ。

右の両図によっても、先の【和名場】職場絵図と同様に次の三点の情報が得られる。一つは、館林場の全体像を示す朱色の境筋が明瞭に認められること。二つには、その内部に約八十カ村の村名が確認されること。三つには、「●　捨場」がおよそ百カ所記されていること。これらの情報からは、まず、館林場は和名場よりはるかに大きな職場だったことがわかる。また、境筋に付けられた注記から解読図に整理したように、隣接する職場がⒶ〜Ⓙまでの一〇カ所に及んでいたこともわかる。しかも、

第３図　【武蔵国和名場】職場解読図

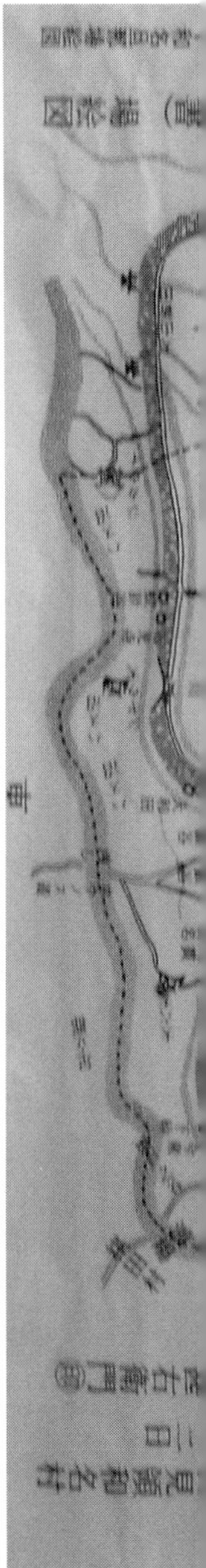
（『部落解放』357号、1993年5月号）

それら隣接する職場同士の境目もわかる。そして、これらの情報からこの地域においても職場が隙間なく境を接していた姿が確認できる。なお、この館林場は上野国邑楽郡の大部分を占めていたことを付記しておく。

(3) 武蔵国広谷場

第6図は、武蔵国入間郡広谷村（現埼玉県川越市）・同郡小堤村（同前）・小坂村（同県坂戸市）の三小頭に率いられた長吏集団が支配した職場（最も有力と見られる小頭の居村名をとって広谷場とした）の職場絵図（第1表6番）である。残念ながら一部欠損があり、この絵図だけでは全体像がわからない。しかし、第2表8番の【広谷場】檀中場境職場日割取調帳（以下、職場日割帳）の記載により、第7図【武蔵国広谷場】職場推定図のような図を描くことができる。

これによって、まず、広谷場のおよその境筋と隣接する職場名を知ることができる。また、この広谷場に属す旦那村もはっきりとわかる。ただ、捨場については、その数とそれぞれの所在地（小字名や通称）は職場日割帳からわかるものの、推定図の中に位置づけることはできない。そうした点に不備はあるが、職場日割帳が残っていればその職場に関する主要な情報は職場絵図からの情報とほぼ同様に知れるということである。

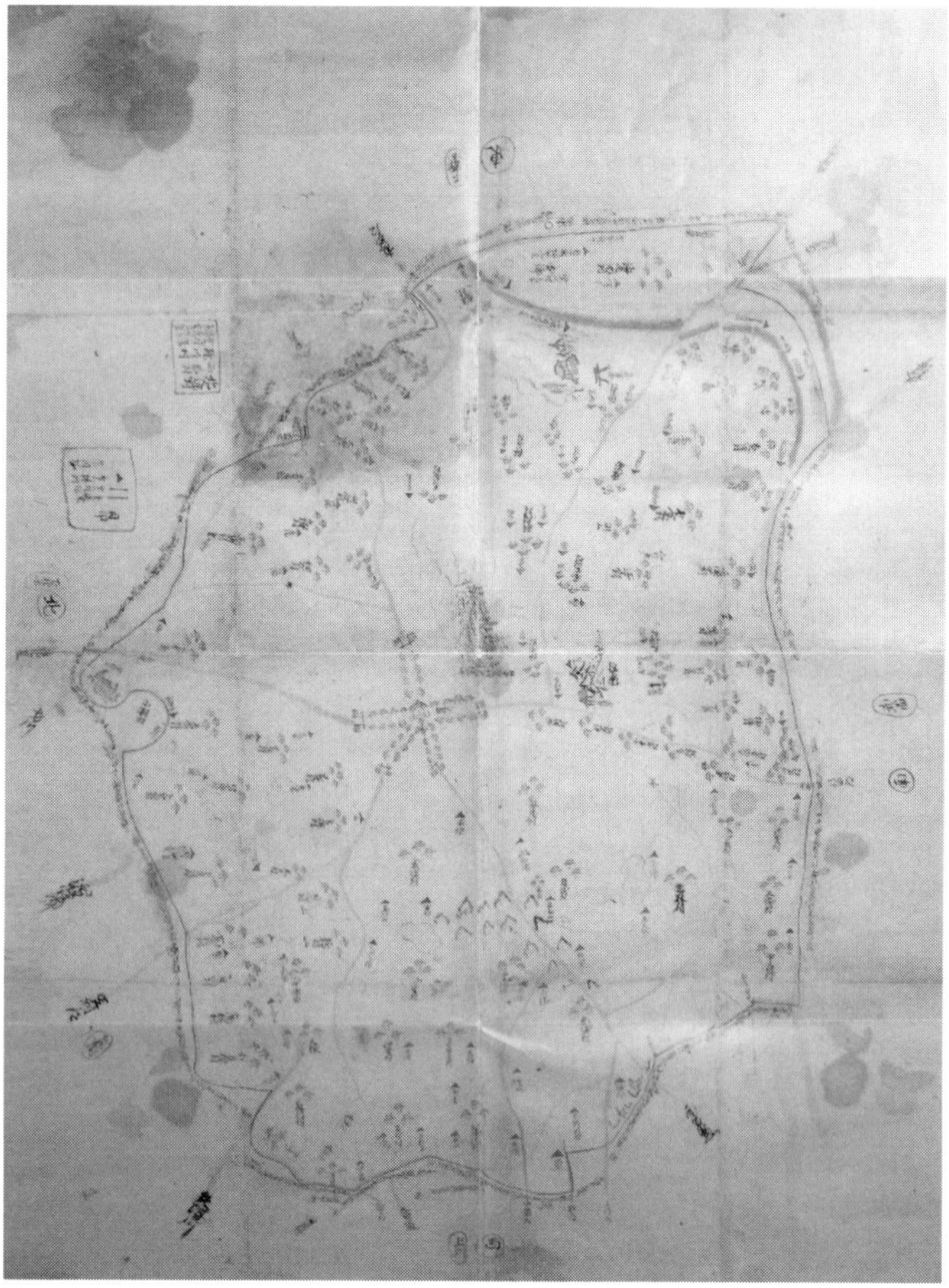

第４図　【上野国館林場】職場絵図

第5図　【上野国館林場】職場解読図

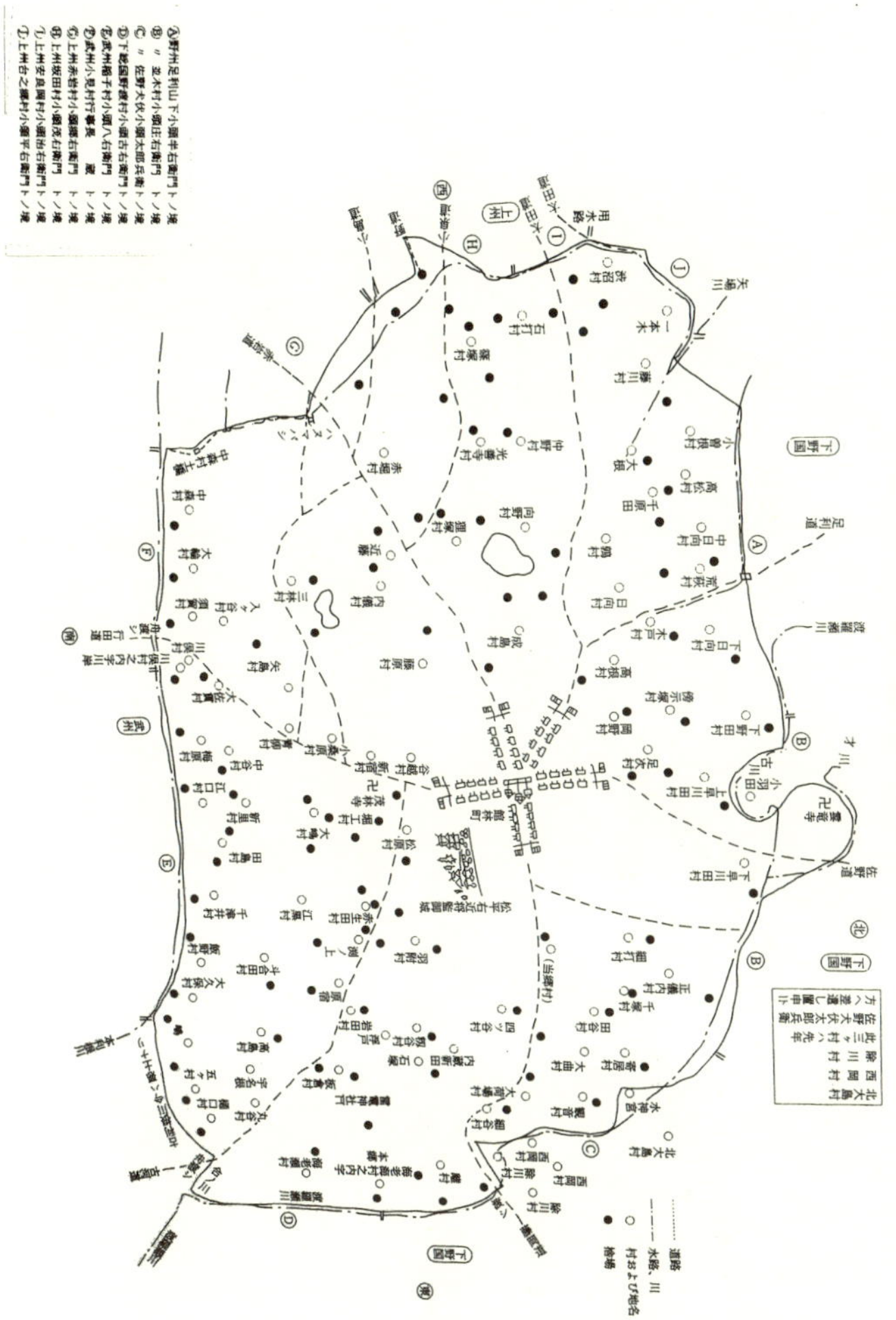

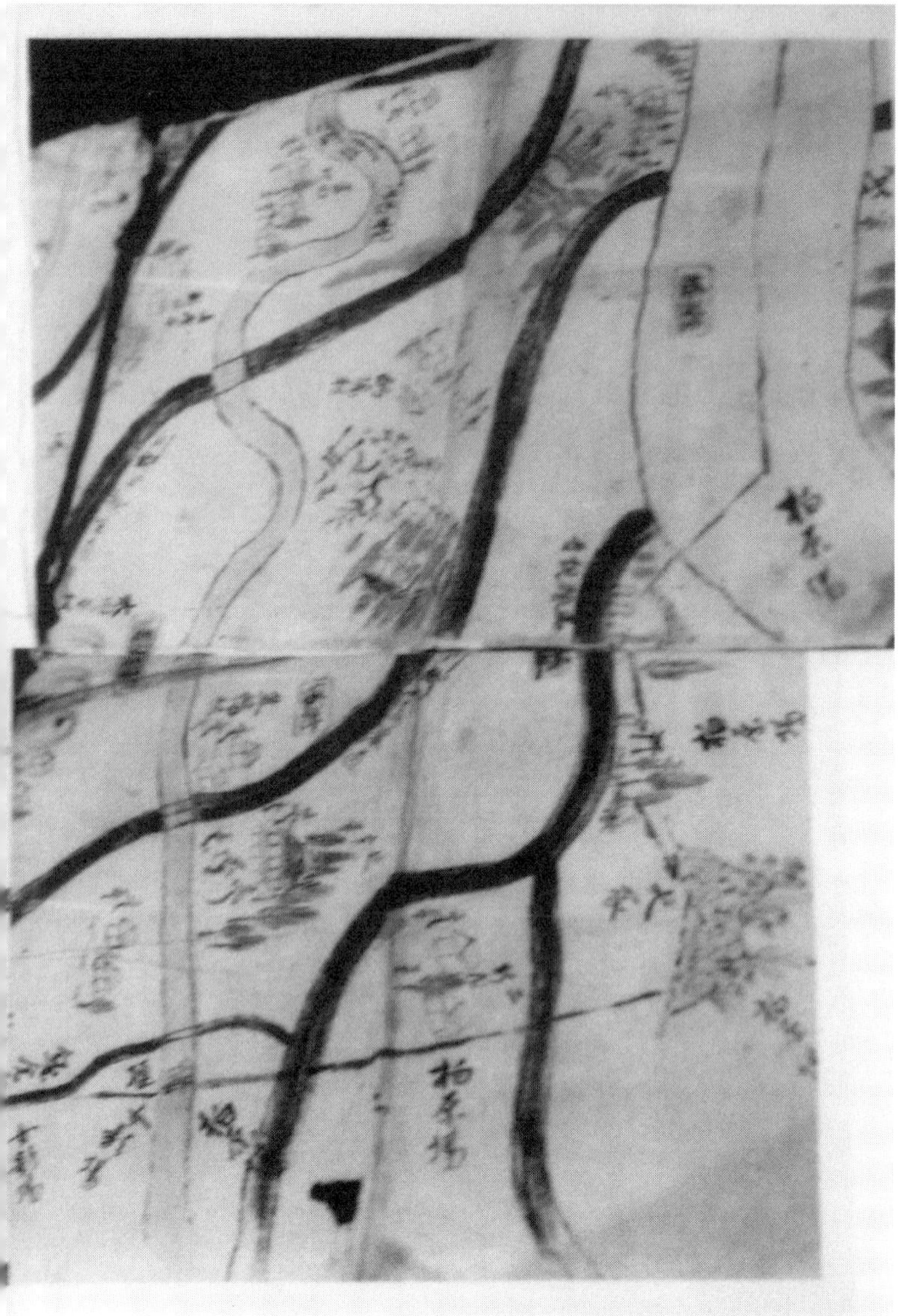

第 6 図　【武蔵国広谷場】職場絵図

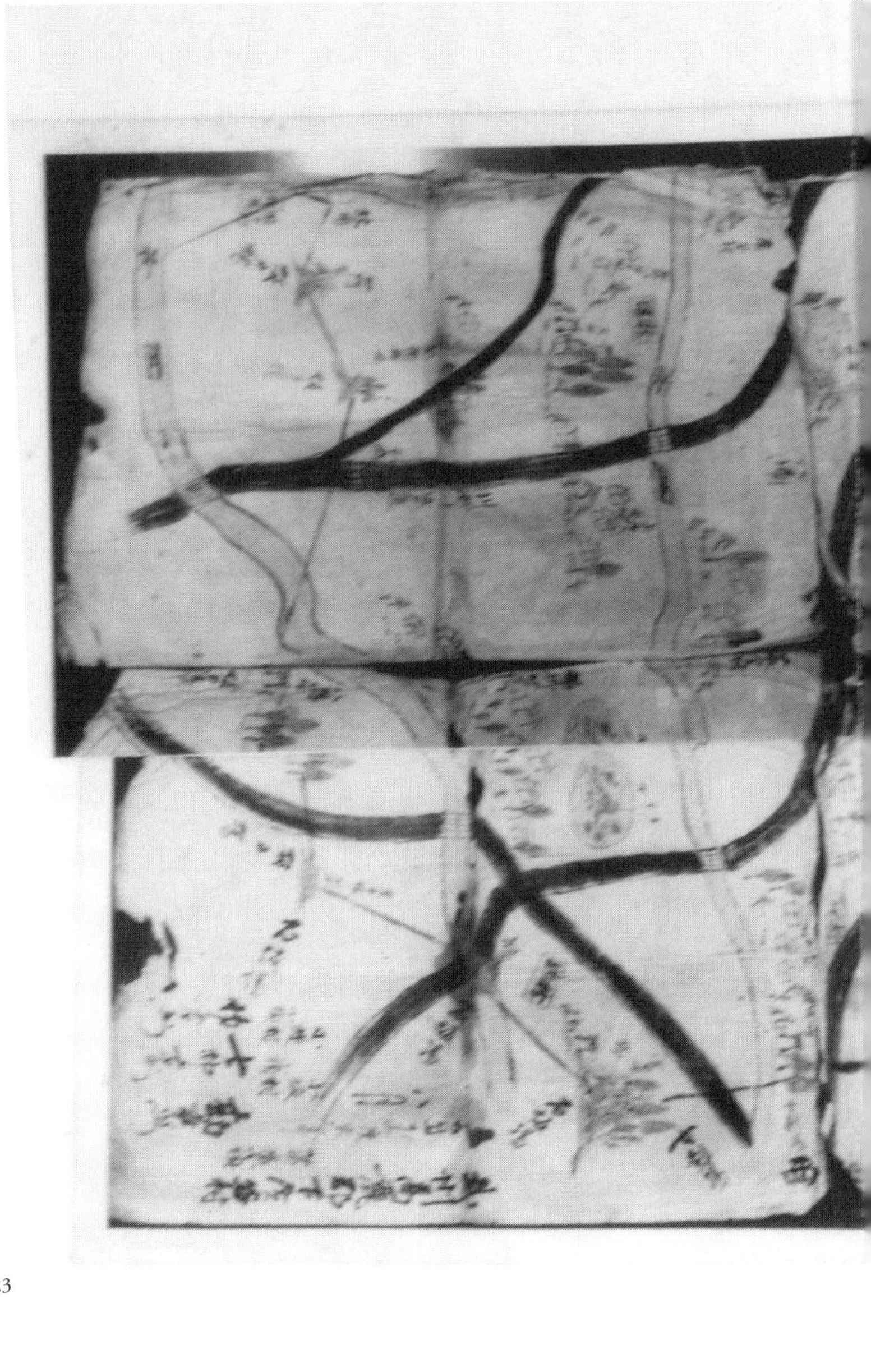

第７図　【武蔵国広谷場】職場推定図

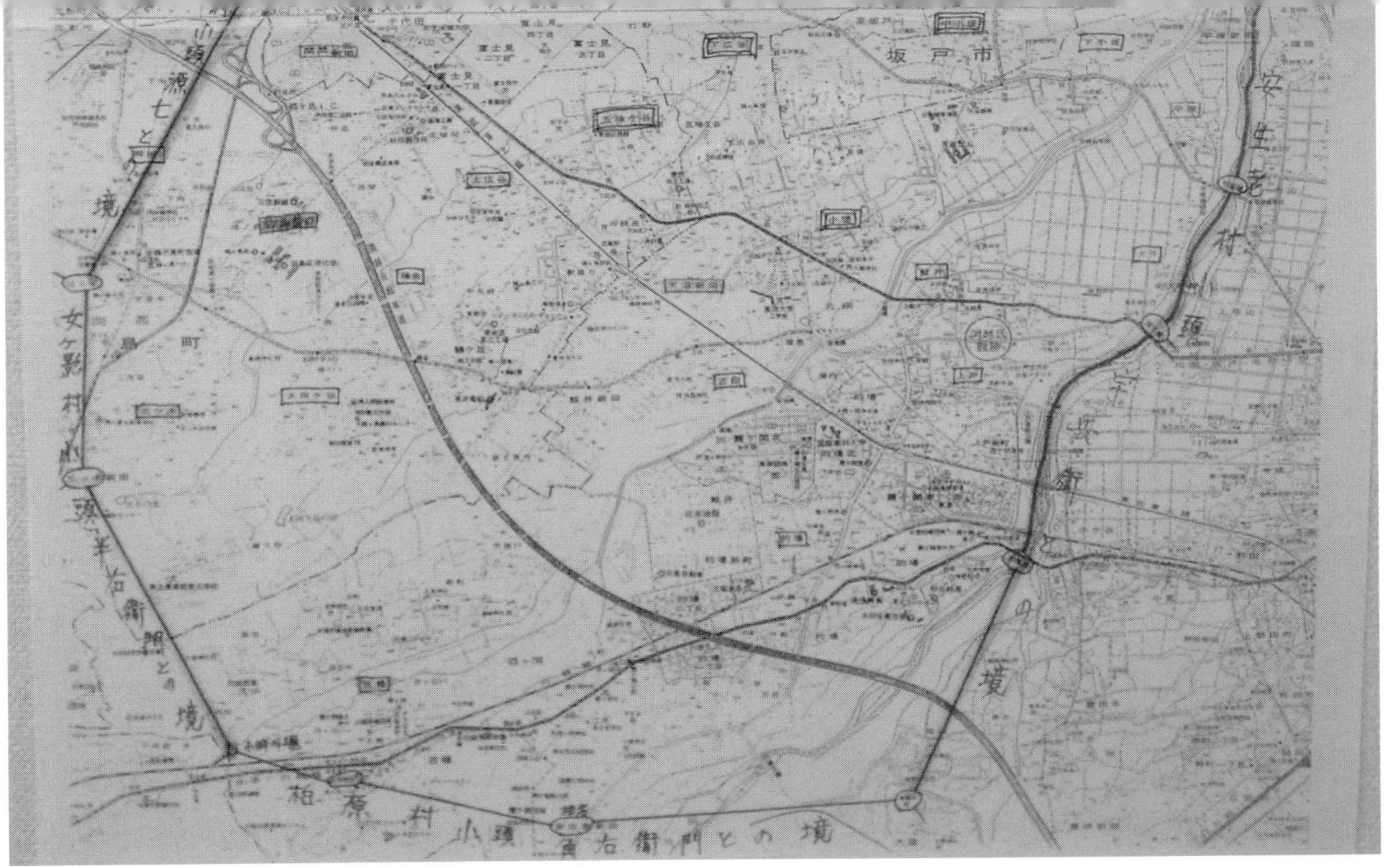
坂戸市
町

(4) 下野国佐野場

第8図は、下野《しもつけ》国佐野領犬伏宿の小頭太郎兵衛に率いられた長吏集団が支配した職場の推定図である。佐野場は後の項で詳細に見るように、長吏集団が一二カ村に居住する極めて大きな職場である。残念ながら、その全体像を伝える職場絵図は残されていない。わずかに、第9図の【藤岡場】職場絵図（第1表15番）がその一部（いわば破片）として残っているだけである。右のような破片という点では、第1表20番の【相模国大磯場】職場絵図と、同21番の【相模国宗源寺場】職場絵図も同様である（これらについては後に触れる）。

しかし先の広谷場と同様に、第2表17番の【佐野場】職場日割帳による推定図（第8図）を描くことによって佐野場全体の主要な情報が得られるのである。具体的には、佐野場の境筋から、まず、その領域が安蘇郡全部と都賀郡の一部を占めていたことがわかる。また、隣接する職場が、桐生場・足利場・館林場・古河領野渡場・中里場・茂呂宿場・冨田場・皆川場・鹿沼場、それに弾左衛門の支配外である日光神領長吏頭支配場（以下、日光神領場）の一〇カ所に達していたこともわかる。さらによく調べてみると、佐野場・館林場・足利場（後出）の三大職場に囲まれて、極めて小さな並木場がまるで緩衝地帯であるかのように存在していたことも見て取れる。この並木場を含めると、佐野場は実に一一カ所の職場と隙間なく接していたことが確認できるのである。

以上、四つの職場（長吏旦那場）について職場絵図あるいは職場日割帳を通して見ることにより、その基本的な特徴を知ることができたであろう。最大の特徴としては、それぞれの職場が隙間なく他の職場と隣接していたことを確認しておきたい。換言すれば、弾左衛門体制下の地域は、すべてこの

第8図 【下野国佐野場】職場推定図

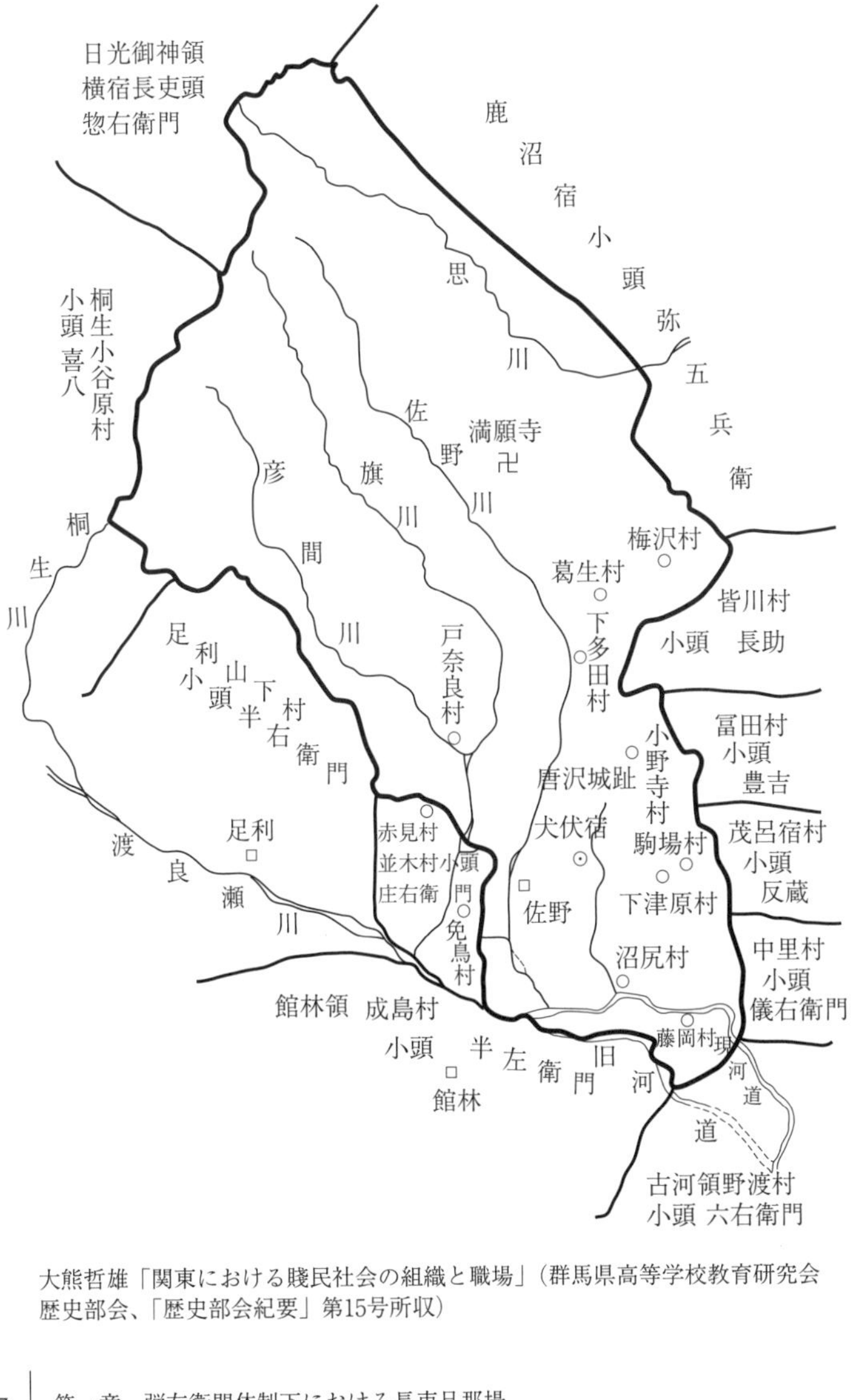

大熊哲雄「関東における賤民社会の組織と職場」（群馬県高等学校教育研究会歴史部会、「歴史部会紀要」第15号所収）

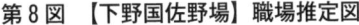

第９図　【下野国藤岡場】職場絵図

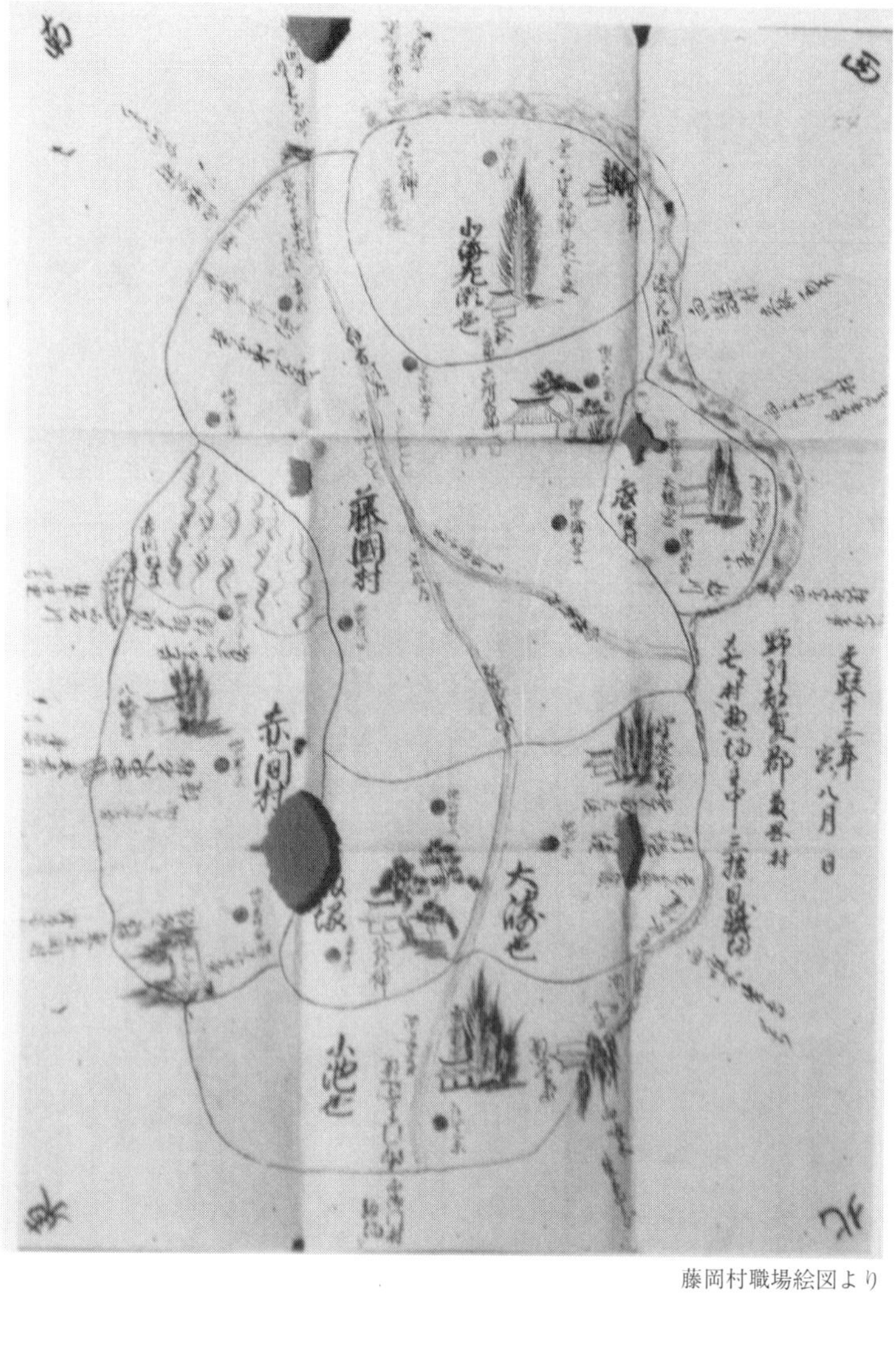

藤岡村職場絵図より

ような職場で分割し尽くされていたということである。この点は、前述の四例ばかりでなく、第1表・第2表にあげた他地域の職場絵図・職場日割帳からもほぼ確認できる。

しかし、広大な弾左衛門体制下の全地域に対し、現在判明している職場（旦那場）はごくわずかなものでしかない。現段階で「すべて分割し尽くされていた」と断定するのは時期尚早だとする意見も勿論あろう。しかし、斃牛馬の取得などほとんど期待できない奥深い山中まできっちりと境筋が引かれている事例（例えば、佐野場と日光神領場との境界など）を見ていると、筆者には「すべて分割し尽くされていた」ように思えてならないのである。

なお、職場絵図と職場日割帳の弾左衛門役所への提出については弾左衛門の代替わりごとと指令されたのが天明元年（一七八一）である（『鈴木家文書』二二六号）が、それに先立って職場日割帳に類する文書が作成されていたことは峯岸賢太郎氏の指摘されたとおりであり（峯岸一九九六、初出一九八三）、その点は第2表にも盛り込まれている。しかし、配下全体に両者の作成と提出が徹底していったのは、両者の残存状況から見てやはり右指令以後のことと思われる。そして、この二種の書類提出の過程は同時に、職場分割徹底の過程でもあったのではないかと思われる。しかし、それを証明するのは今後の課題である。

職場の構成上の違いに見られる二つの型——「単一型」と「複合型」——

先に例示した和名場と佐野場には、単に大小の差が顕著であるばかりでなく、その構成において重要な違いがある。和名場には、基本的には長吏集団は和名村一カ村にしか居住しておらず、この集団が和名場全体を共有し、その権利（詳しくは次項で触れる）を分割所有していた。これに対し、佐野場では、長吏集団は一二カ村に居住し、特殊な立場にあった三カ村の長吏集団を除く、九カ村の長吏集団が八つの小さな職場を形成していた（下津原・小野寺両村の長吏集団は、両者で一つの職場を形成）。

そして、それら八つの職場を統合した大きな職場として複合的に存在したのが佐野場であった。つまり、小頭太郎兵衛は、居住地の犬伏宿《いぬぶし》を核とする犬伏場（八つの職場の一つ）を直接支配すると共に、八つの職場を統合した佐野場の頭として統轄・間接支配していたということである。この複雑な旦那場の構成状況を図示したものが、第10図（【佐野場】職場構成図）である。

この図によって簡単に説明すると、特殊な立場の三カ村の長吏集団とは、まず、小頭太郎兵衛が直接支配する犬伏場のうちに居住した葛生《くずう》村長吏集団と、佐野場の外（並木場）に居住した赤見村長吏集団のことである。両村長吏集団は共にわずかな場の権利しか持たず、独自の職場を形成できなかったのである。残りの一カ村の長吏集団とは、犬伏場に居住しながら、全戸「家来」（長吏身分内の隷属民）という立場にあった沼尻村長吏集団のことである。彼らは自立性を否定され、旦那場の権利を一切持てなかったのである。

なお、免鳥《めんどり》村の長吏集団は、赤見村と同様に並木場に居住しながらも、佐野場内でかなりの規模の職場を形成し、小頭太郎兵衛の支配下にあった。以上の特殊なケース（所有する職場の権利に多少の違いはあっても、共に配下長吏が他職場に居住）も含めて、佐野場を構成した八つの職場（犬伏場、駒場場、下津原・小野寺場、梅沢場、戸奈良場、下多田場、藤岡場、免鳥場）のような存在を、「小職場」と呼ぶ。そして、それらを統合した佐野場のような存在を「総職場」と呼ぶ。それぞれの「小職場」は、その核となる長吏集団（犬伏場は犬伏宿の長吏集団、駒場場は駒場村の長吏集団、以下、

第10図　【下野国佐野場】職場構成図

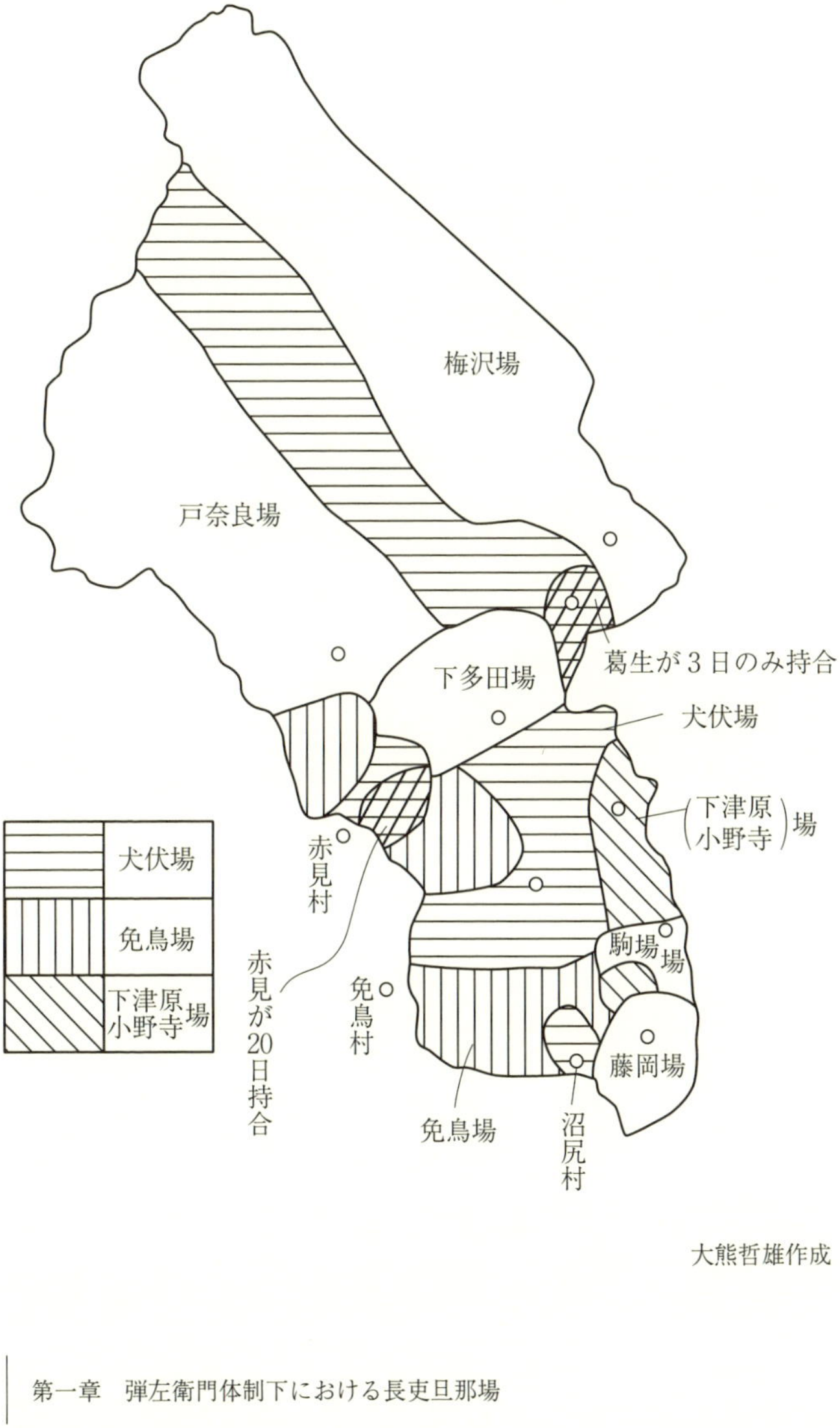

大熊哲雄作成

同）によって共有され、その権利を分割所有されていたのである。

なお、右の事例で、「総職場」の名称に佐野場を用いた理由は、中世・戦国期、このあたりが「佐野領」と呼ばれていたことや、小頭太郎兵衛家の文書に「佐野惣旦中《そうだんちゅう》」（旦中は旦那中あるいは旦那場を意味した）という文言が見られることによる。先に触れた館林場という呼称も同様であり、小頭半左衛門は成島村居住であったが、その職場全体の名称は館林場と認識されていた。

以上のような職場の構成の違いから、和名場のようなケースを「単一型」と呼び、佐野場のようなケースを「複合型」と呼ぶことにする。さて、ここで、「単一型」の説明につき、和名場を事例にしたことによる誤解を防いでおきたい。それは、「単一型」の職場には長吏居村が一カ所しかないという誤解である。しかし、決してそうではないのである。例えば、第11図に示した【松山場】職場絵図（第1表5番）のうちには、松山町と野田村・市ノ川村の三カ村の長吏集団が居住していたが、「単一型」の職場を形成していたのである。この点は、職場日割帳が残されていないためそれによる確認はできないものの、弾左衛門への貢税によって確認できるのである。この点は、後の項で説明したい。

第12図に示した【植野場】職場解読図（第1表9番、この職場絵図は原本・コピー本ともに行方不明のため、解読図のみ提示）のうちにも、植野村・惣社村・元惣社村の三カ村の長吏集団が居住していたが、これも「単一型」の職場であったことは職場日割帳（第2表10〜12番）によって確認できる。

このような「単一型」の職場と「複合型」の職場との関係性は、「単一型」の職場が複数集まったものが「複合型」の職場であるということができる。また、「複合型」の職場が分裂・解体すると、一方で再編された「複合型」の職場が誕生すると共に、他方で「単一型」の職場が往々にして誕生するという関係である。このような「単一型」と「複合型」という職場の構成・構造の大きな違いがな

第11図　【武蔵国松山場】職場絵図

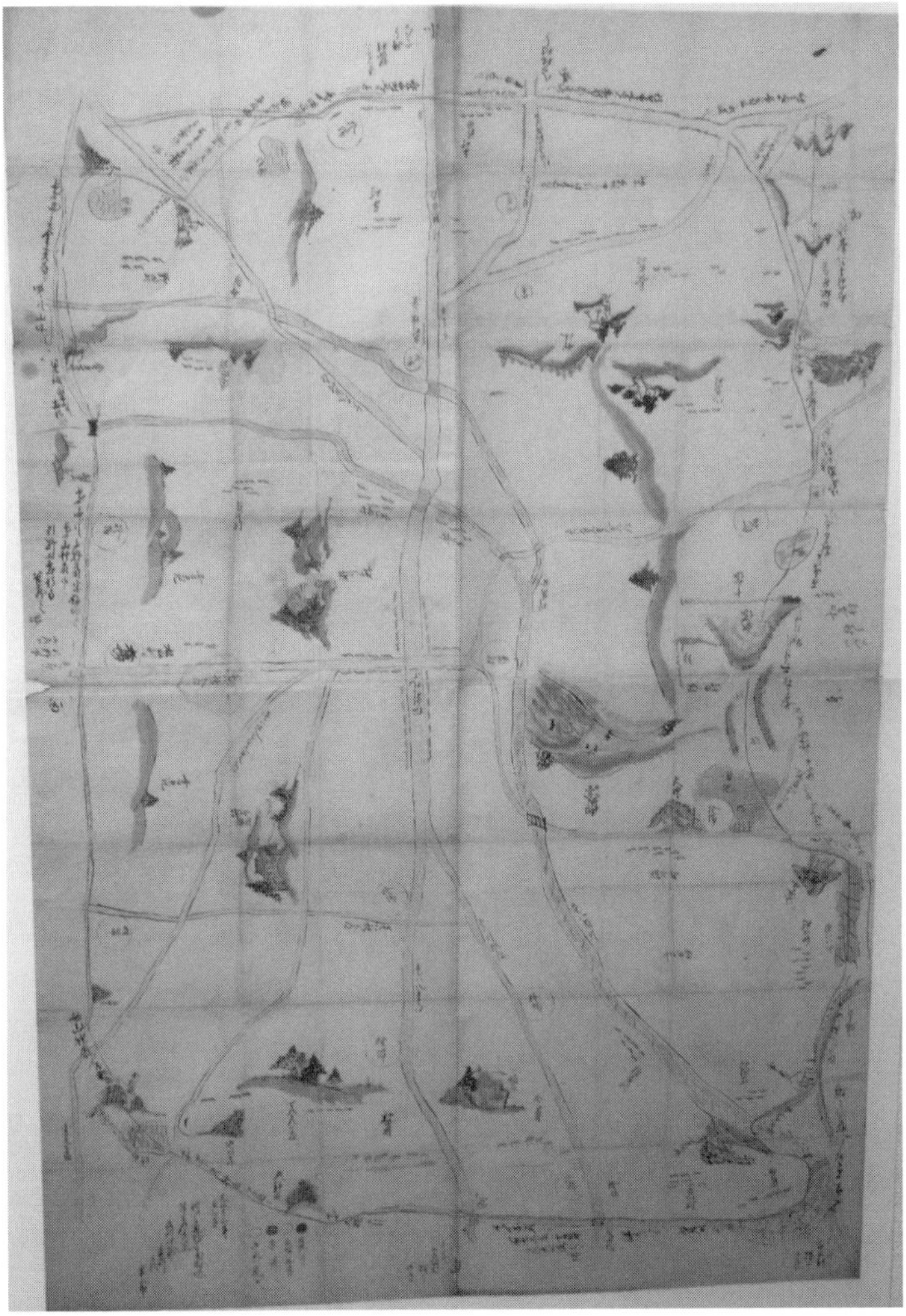

第12図　【上野国植野場】職場解読図

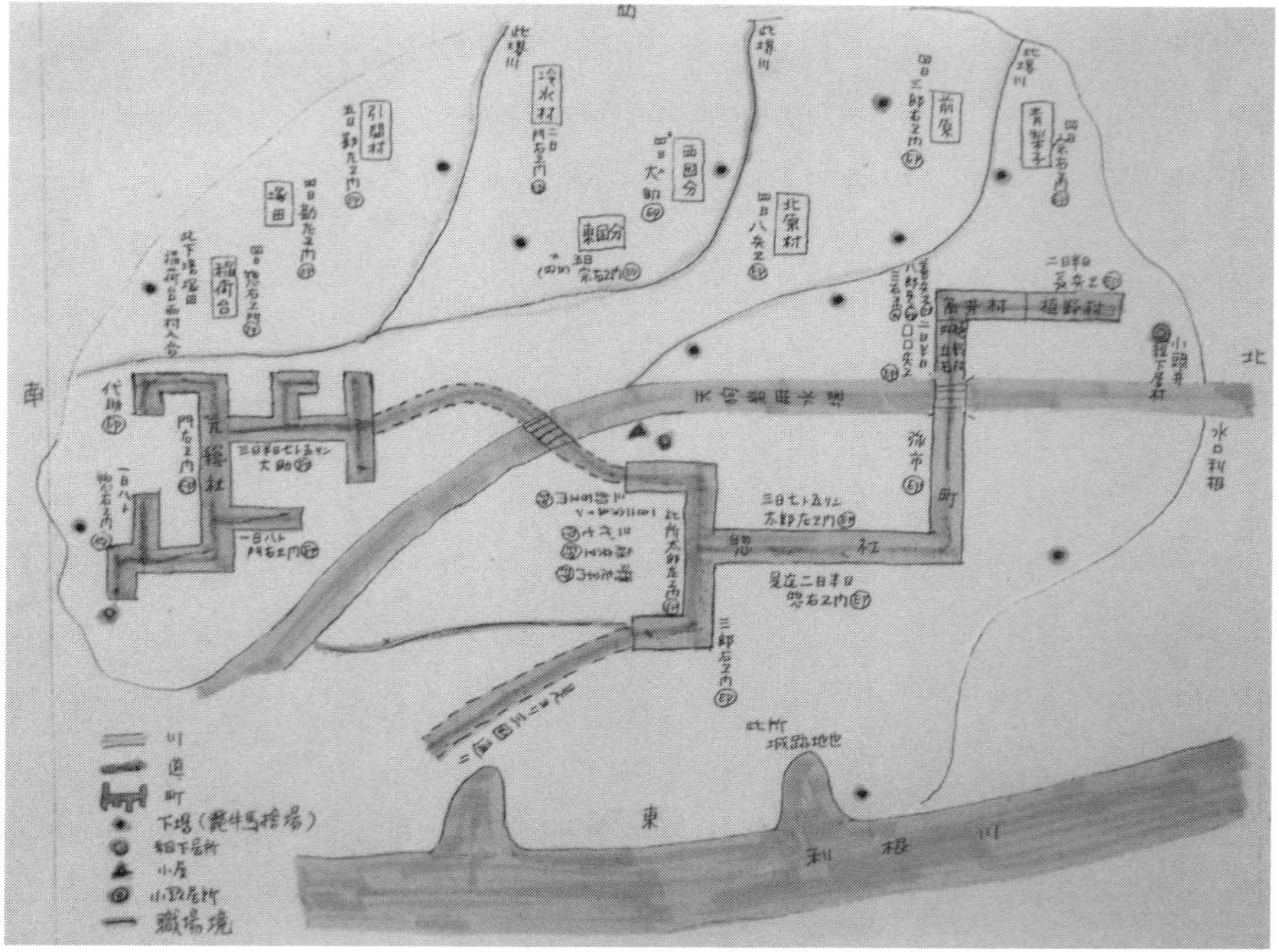

ぜ生まれたのか、どのようにして形成されてきたのかという問題はこれまであまり意識されてこなかったように思われる。恐らくは、各地域で長吏集団自体が離合集散を繰り返してきたり、職場の権利売買を通じて集団の再編成を行ってきたりしたため問題が見えにくくなっていたのであろう。この点については次の項において、相州の事例を通していささか具体的に見ておくことにする。

職場の空間的態様の違いに見られる二つの型――「一円型」と「散在型」――

第1表10番〜14番までの職場絵図（【武士《たけし》場】職場絵図A〜E〈第13図〜第17図〉、以下、A〜Eで略記する）があるが、これら五カ所に散在した職場は上野国佐位郡上武士村小頭が支配する一つの職場（武士場）を構成していた。しかし、このように並べただけでは、武士場は五つの「小職場」を統合した前述の「複合型」の「総職場」と同様に見えてしまう。しかし空間的な在り方に大きな違いが見られるのである。そこでこの違いを一見して了解し得るよう、これらA〜Eの職場を地図の上に落とした第18図（【武士場】職場推定図）を作成した。これを見れば、従来知られてきた職場が空間的に見て一まとまりのもの（これを「一円型」と呼ぶ）であるのに対し、武士場は空間的に見て五カ所に散在したもの（これを「散在型」と呼ぶ）であるという点の違いが明白だろう。なお、この五カ所が一体となって一つの職場を形成していたことは第17図に「絵図面五枚之内」という文言が記されていることから明らかである。

このような「散在型」の職場は、前述の「複合型」の職場にのみ見られる現象かと思われるかもしれないが、そうとも言えないのである。現に、右の武士場は「単一型」の職場であった。この点については、第14図の職場Bは一一カ村の旦那村を有するものの、第13図の職場Aは三カ村、第15図の職

第13図　【上野国武士場】職場絵図 A

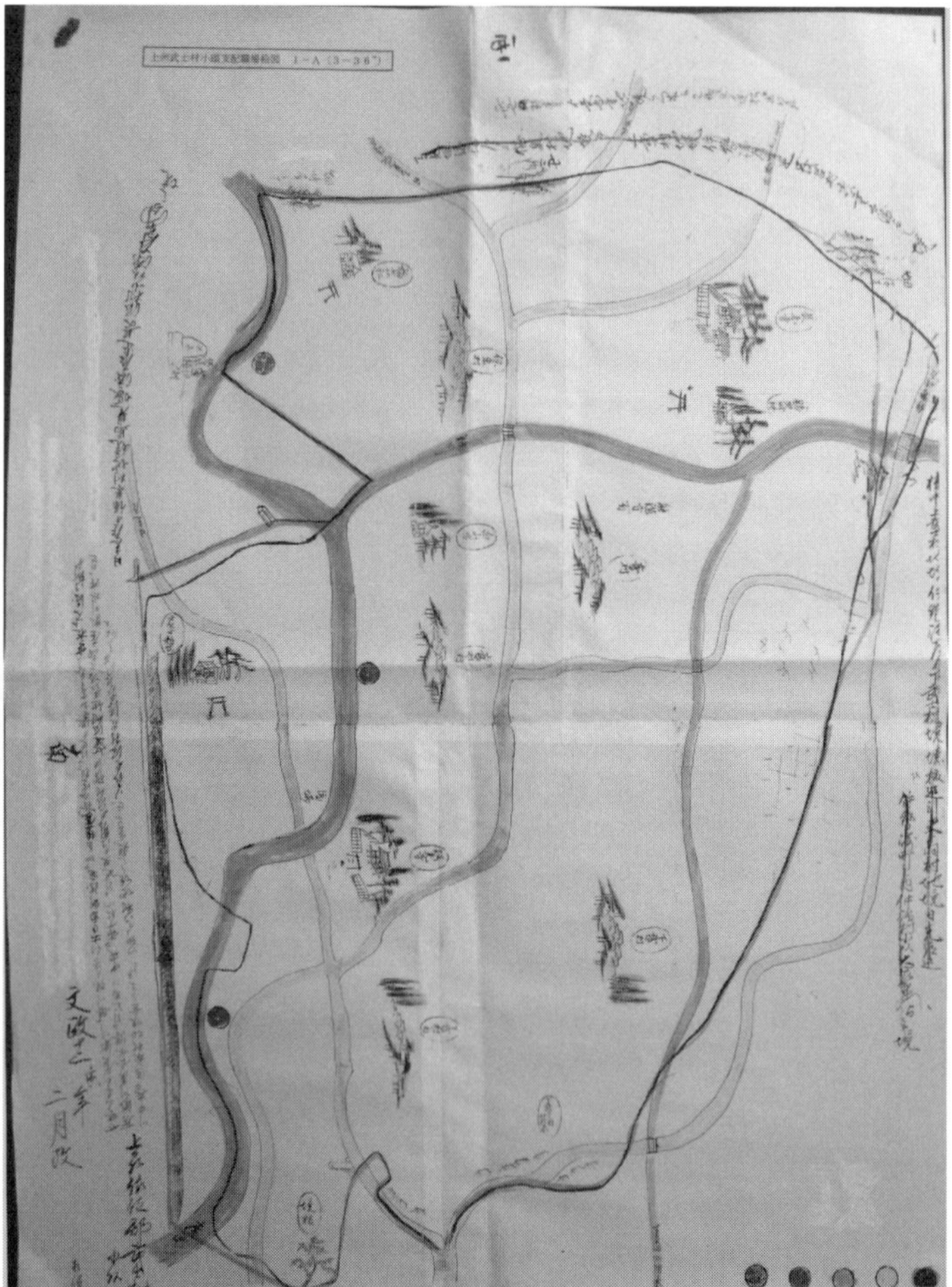

第14図　【上野国武士場】職場絵図 B

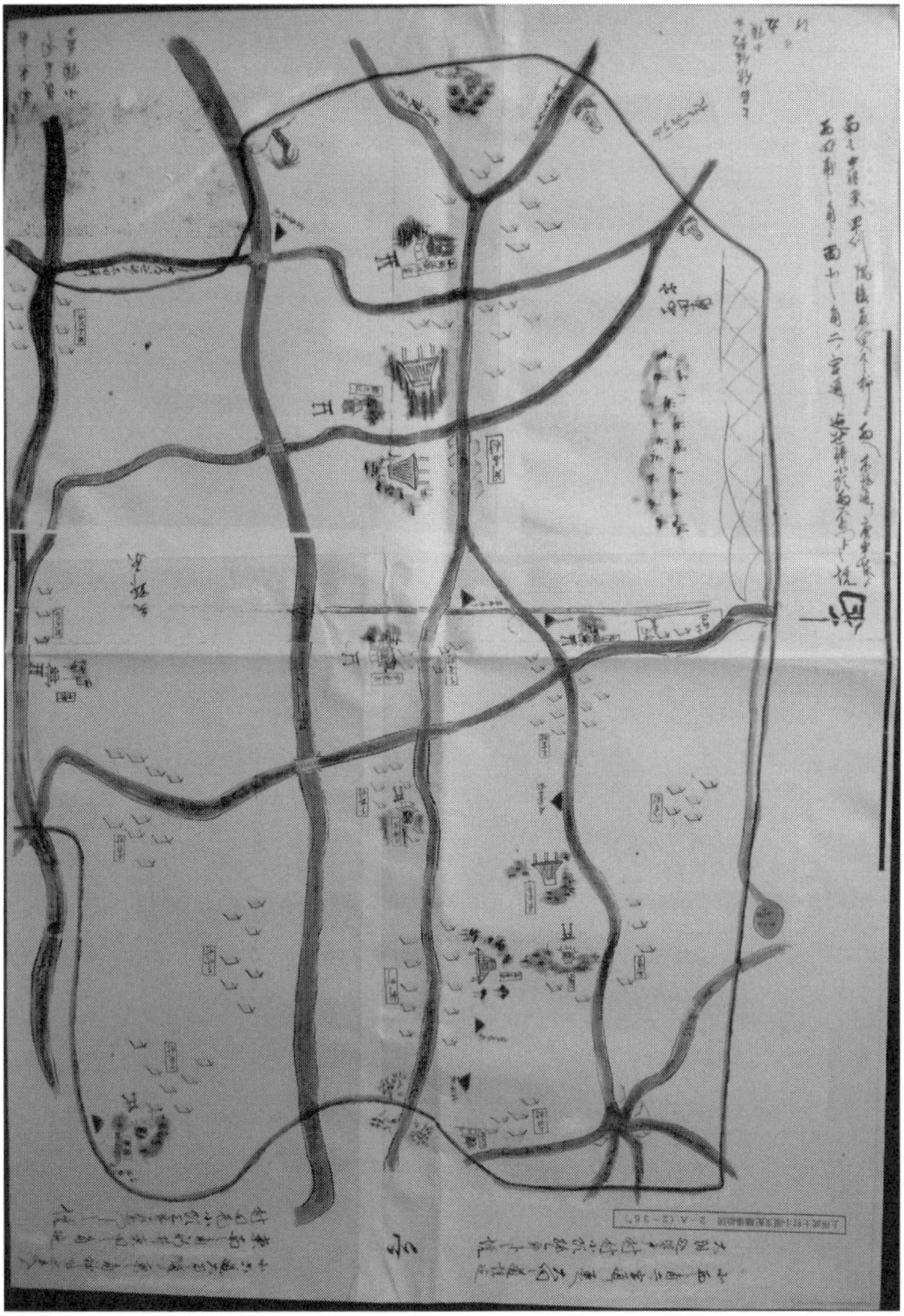

第15図　【上野国武士場】職場絵図 C

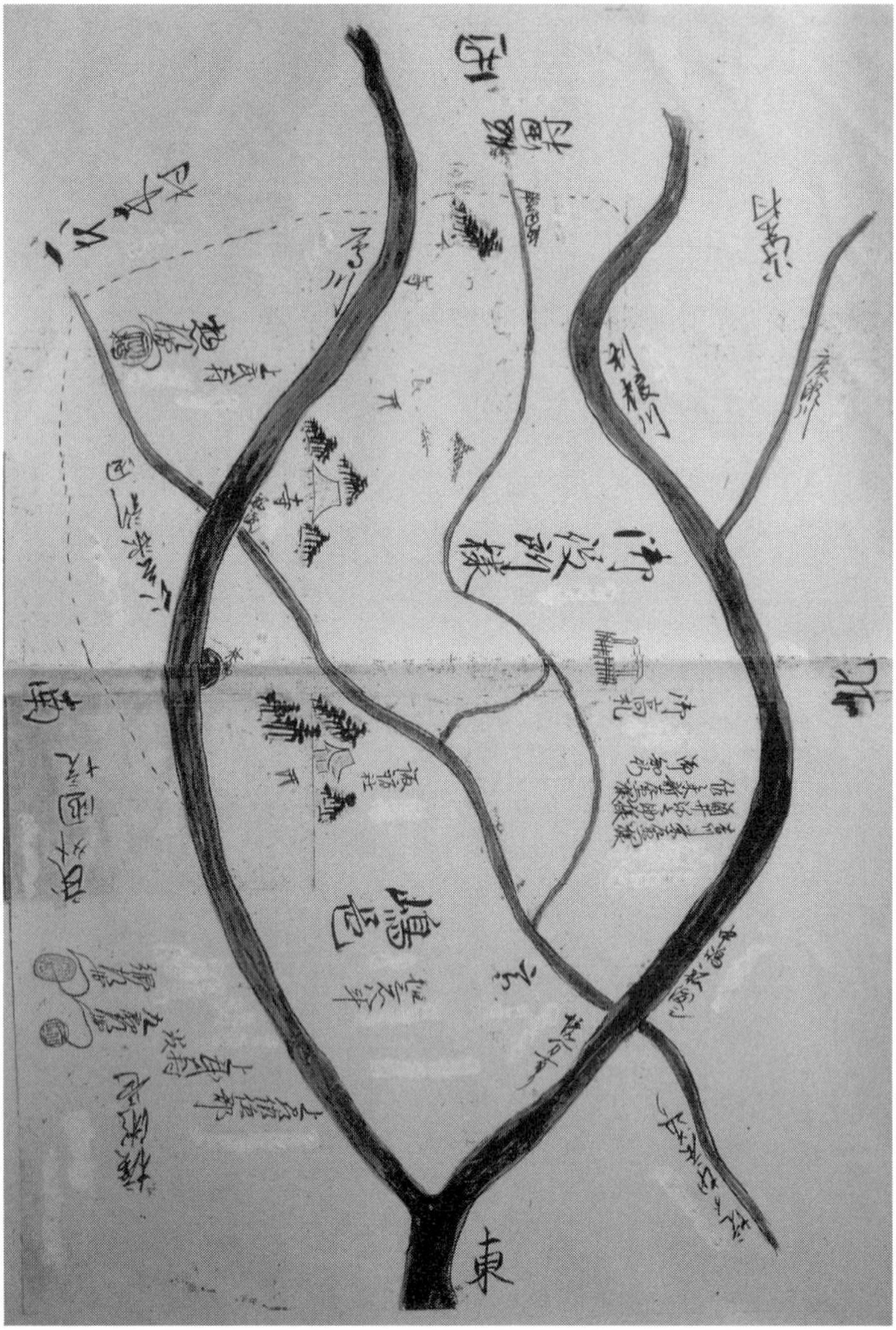

第16図　【上野国武士場】職場絵図Ｄ

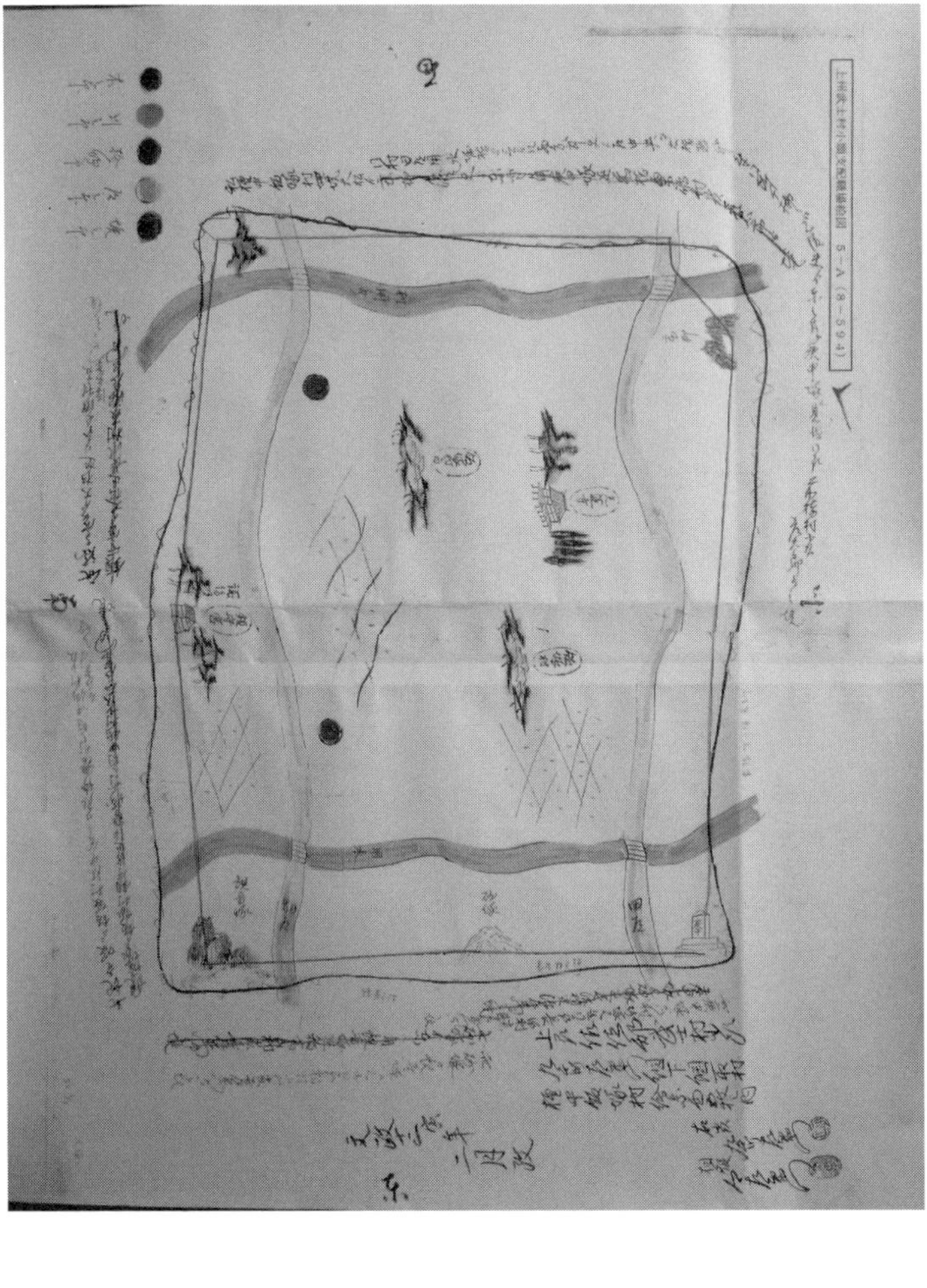

第17図　【上野国武士場】職場絵図 E

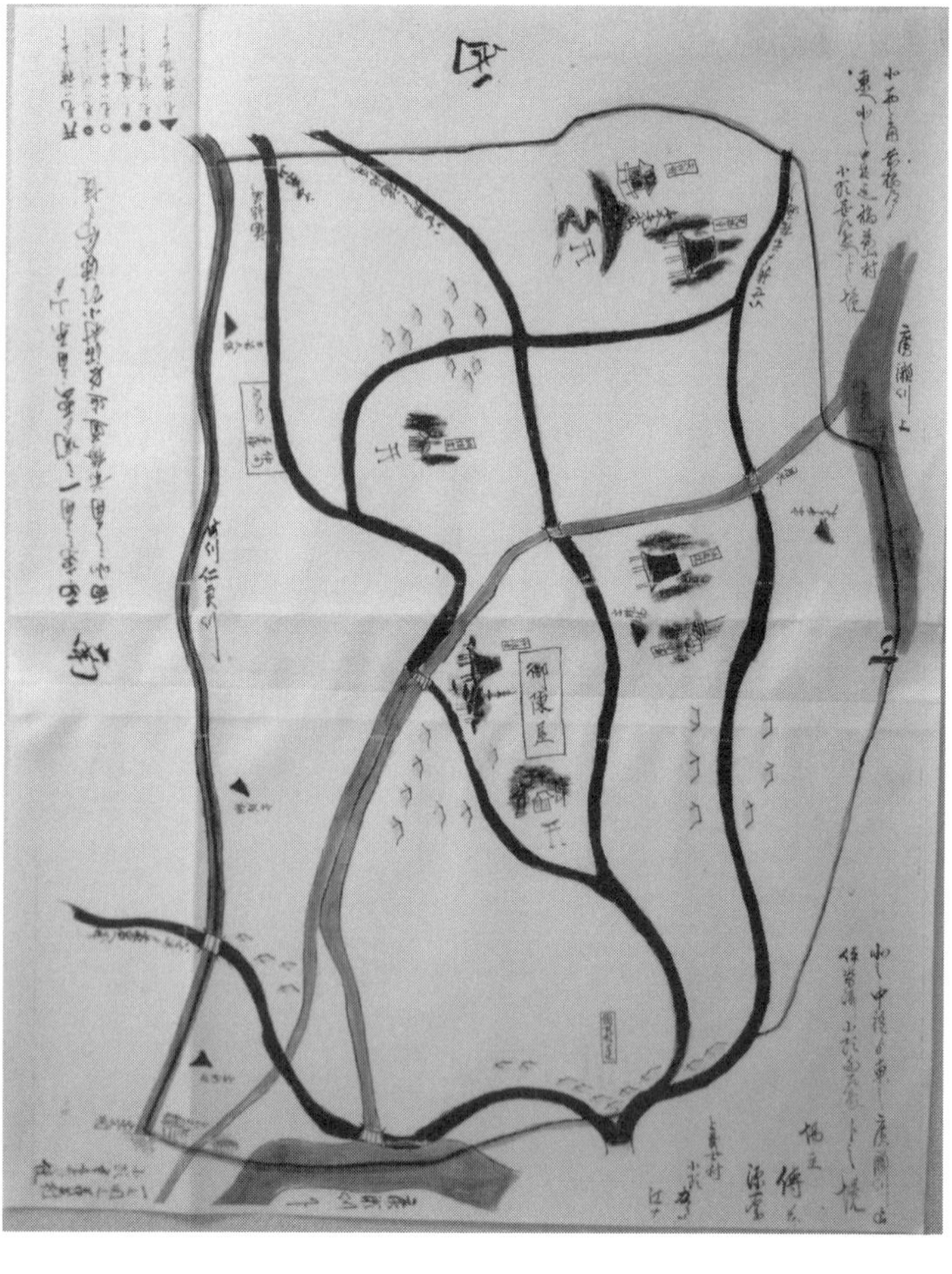

第18図　【上野国武士場】職場推定図

場C・第16図の職場D・第17図の職場Eはわずか各一カ村という旦那村の在り様からも明らかである。つまり、職場A・C・D・Eは、どれも「小職場」たり得る規模を有していないのである。そして、職場絵図に書き込まれた場主の記載からも、A～Eが一つの職場として権利分割がなされていたことが確認できるのである。この点は次項の問題とも重なるので、ここではこれ以上立ち入らぬこととする。なお、武士場という職場名は二人の小頭が共に上武士村（第13図の職場Aのうち）に居住していたことによる。

ところで、筆者は武士場の職場絵図によって初めて「散在型」職場の存在を認識し、大変驚いたものである。これは極めて特異な事例であると思わせられた。そうなると、このような職場がどのようにして形成されたのか、その要因はどんな点にあったのかなどが大いに気に掛かるところである。ところがよく考えてみると、従来知られている長吏集団・組織の変遷の中で他にも「散在型」の職場が存在していたことに気が付いたのである。

例えば、相模国下古沢村の小頭太郎右衛門が支配していた広大な職場が宝暦十年（一七六〇）に起こった配下長吏集団の反乱によって解体し、太郎右衛門配下から一足早く独立していた大磯宿小頭助左衛門を巻き込んで何度かの再編劇が展開した事例がある。詳細は小丸俊雄氏の業績（石井良助一九七八、初出一九六八）を参照願うが、ここでの要点は、この間に形成された下古沢場なり大磯場なりの空間的姿がどのようのものであったかということである。

この点について、明和三年（一七六六）頃、再編された下古沢「総職場」（小頭太郎右衛門居村の下古沢村を核とする「小職場」下古沢場と区別して、このように呼んでおく）は、長吏居村の所在から、下古沢村（現神奈川県厚木市）・子安村（現同伊勢原市）のグループと、宗源寺村（現同横須賀市）・馬堀村（同前）・浦賀村（同前）・林村（同前）・金沢村（現同横浜市）のグループに分かれていたことが知れる。両グループの間には、大磯「総職場」（同前）や鎌倉場等の存在が想定され、両グループが分離していたことは明々白々なことである。つまり、明和三年以降の下古沢「総職場」は、「散在型」の職場であったことが確認できるのである。

さらに職場絵図に即して検討してみると、下古沢「総職場」を構成する「小職場」のうち職場絵図が残っているのは宗源寺場（第1表21番）だけであり、職場日割帳が残っているのは浦賀場だけであるという状態なので、全体像は極めて不鮮明である。したがって、断定はできないが、各「小職場」の規模によっては、それらの間でも懸隔を有していた可能性がある。それが事実だとすると、下古沢「総職場」は上州の武士場のように幾つにも分かれていた「散在型」の職場であったということになる。なお、下古沢村小頭の「総職場」は大磯「総職場」と合わせて見ても、解体以前から「散在型」の職場であった可能性が高いように思われる。しかし、その説明は本文の趣旨から逸れるので、ここでは略すことにする。

右のような下古沢「総職場」の事例からも明らかなとおり、「散在型」の職場の形成は、前項で述べた「単一型」と「複合型」の相違問題と同様に、各地域で長吏集団が離合集散や旦那場売買等を重ねてきた結果と見てよかろう。

三　第二の特徴——二重構造で成り立っていた職場（旦那場）

すでに一で簡単に述べたように、弾左衛門体制下の職場（長吏旦那場）は斃牛馬処理権の場（皮取場）という側面と諸種の勧進を行う場（勧進場）という側面を合わせ持っていたのである。そして、両者をセットとして認識していたところから前者を下場《したば》、後者を上場《うわば》とも呼んでいた。以下、必要に応じてこの用語（上場・下場）も用いる。

ここでは、まずそれぞれについて簡単に説明をしながら、その中でこれらの場を通じて成り立っていた権利が長吏にとってどのような意味を持っていたのか、また、百姓・町人や「非人」とどのような関係を結んでいたのか等の点を見ていくことにする。そして、それら全体をとおして弾左衛門体制下の職場が持つ特徴を考えていくことにする。

斃牛馬処理のシステムと皮取場（下場）の権利分割

前項において数々の職場絵図及び解読図を見る中で、その重要な情報の一つとして捨場の記載が必ずあることを指摘した。近世社会においては、牛馬が死ぬと必ず指定された捨場へ出すのが大原則であった。もちろん、地域差もあって、死んだ牛馬に触れることを忌避して百姓が長吏・かわたに引き取らせる地域もあれば、近世後半まで斃牛馬を川や海に流してしまったり地中に埋めてしまったりする地域もあった。しかし、弾左衛門体制下の地域では、相当に早くから厳密にこの原則が確立していたと見られる。この点が職場絵図に反映されていたということでもある。

斃牛馬の原則的な処理システムは、およそ次のような流れとなる。①牛馬が死ぬと、持主の百姓等が指定された捨場へ出す、②「非人」が自分の担当（持分）の村々を巡回して、その地域内の捨場に出された斃牛馬を見出す、③斃牛馬の存在を確認した「非人」は、その捨場の権利（斃牛馬取得権、皮取権）を所有する長吏に連絡し、その長吏立ち会いの下で牛馬の皮剝・解体を行う、④そこで得られた皮・爪・角・毛等（当然、肉も活用したと思われるが、資料的にはなかなか実態がつかめない）はすべて該当の長吏が無償で取得し、「非人」には「小刀代」（和名場）とか「研ぎ代」（佐野場）と呼ばれる手間賃（せいぜい五十文～二百文程度）が支払われたに過ぎない、⑤該当の長吏は、取得した皮（原皮）の下処理を行った後、他の取得物と共に様々な流通ルートに乗せるという具合であった。このようにして取得した牛馬皮を販売せずに、雪踏製造等で自家用に消費する場合もあった。

一応、右の流れが原則として確立していたと思われるが、意外にその実態を知り得る資料は乏しく、原則から逸脱した事態も様々あったのではないかという面も無視できない。例えば、弾左衛門（役所）の触書に「長吏は皮剝に手を出してはならぬ」とある点は、「非人」の確保が難しかった地域では長吏が自身で皮剝・解体を行ったことを窺わせる。また、幕法であった牛馬屠畜の禁令を踏まえて、老病馬（東日本では圧倒的に馬が主流であったので、牛への言及が少ない）の買い取りを禁ずる弾左衛門役所の触書が何度も出されている。この指令は、役に立たなくなった牛馬に餌を与えずに死ぬのを待ったり、秘かに屠畜したりすることを阻止する狙いがあった。また、本来出されるべき捨場に斃牛馬が出されない（本来取得権を持つ長吏がその権利を侵される）というシステムの混乱を阻止する狙いも意図されていた。このような指令が何度も出された点に、原則通りにはいかなかった実態が窺われるのである。

原則的な話に戻るが、皮取場の権利がどのように分割されていたかを示す事例として広谷場を見ていくことにする。まず『宮根家文書』（埼玉西部同和教育研究協議会一九八九）の年不詳「職場日数之覚」の記載を第3表に示す。これによれば、四五人の長吏によって権利は三〇日に分けられていた。これを日割と言い、その日を場日《ばにち》と呼ぶ。この分け方であるが、上欄横書きの一～三〇は日を表して

第3表　広谷場における下場権の分割一覧

	肩書	名　前	1	2	3	4	5	6	7	8	9	10	11	12	13	14	15	16	17	18	19	20	21	22	23	24	25	26	27	28	29	30
1	小頭	七郎右衛門	■	■	■																											
2	組下	孫八	■	■	■																											
3	組下	定右衛門	■	■	■																											
4	組下	吉右衛門	■	■	■																											
5	組下	喜八				■	■	■																								
6	組下	武右衛門				■	■	■																								
7	組下	庄左衛門				■	■	■																								
8	組下	文左衛門				■	■	■																								
9		伊助				■	■	■																								
10	組下	藤八							■	■	■																					
11	組下	勘四郎							■	■	■																					
12	組下	忠左衛門							■	■	■																					
13	組下	惣七							■	■	■																					
14	組下	文七							■	■	■																					
15	組下	友八							■	■	■																					
16	組下	万右衛門							■	■	■																					
17	組下	勘助							■	■	■																					
18	組下	義右衛門							■	■	■																					
19	組下	権四郎										■	■	■																		
20	組下	佐左衛門										■	■	■									■	■	■	■	■					
21	組下	清五郎										■	■	■																		
22	組下	久左衛門										■	■	■																		
23	組下	伊八										■	■	■																		
24	組下	常右衛門													■	■	■															
25	組下	彦七													■	■	■															
26	組下	市兵衛													■	■	■															
27	組下	長右衛門													■	■	■															
28	組下	政右衛門													■	■	■															
29	組下	五平治													■	■	■															
30	組下	弥右衛門																■	■	■												
31	組下	平八																■	■	■												
32	組下	平六																■	■	■												
33	小頭	助右衛門																■	■	■												
34	組下	仲右衛門																■	■	■			■	■	■	■	■					
35	組下	清兵衛																			■	■										
36		源兵衛																			■	■										
37	組下	作右衛門																			■	■										
38	組下	磯右衛門																					■	■	■	■	■					
39	組下	庄右衛門																					■	■	■	■	■					
40	組下	善兵衛																					■	■	■	■	■					
41	坂戸	平左兵衛																					■	■	■	■	■					
42	組下	清五郎																										■	■			
43	組下	源太郎																										■	■	■	■	■
44	組下	幸之助																												■	■	■
45	組下	勘右衛門																												■	■	■

「職場日数之覚」（年不詳）により作成

おり、すべての月に通用するのである。具体的に言えば、上から七郎右衛門・孫八・定右衛門・吉右衛門の四人は共同で、毎月一日〜三日の場日に捨場に出された斃牛馬を取得する権利を所有しているということである。同様に、五番目の喜八〜九番目の伊助の五人は共同で、毎月四日〜六日という三日間の場日に斃牛馬が出されれば、それを取得できたのである。二〇番目の佐左衛門と三四番目の仲右衛門は、どのような事情によるのか不明だが、場日共同所有のグループ二つに属していたことがわかり、その権利の多さが目に付く。

しかし、通常、皮取場の権利所有の格差は、右の状態よりもはるかに大きいのである。第3表に見られる状態は、皮取場の所有権がかなり平均化された姿を示しており、むしろ珍しい事例と言える。このような姿が広谷場に見られる理由としては、天保期前半（一八三〇年代）頃までは別々の職場を形成していた広谷村・中小坂村・小堤村の長吏集団が、弘化・嘉永期（一八四〇年代後半）頃に合体したこと、それにともない新たに成立した職場の皮取権も、平均化して再配分された可能性が推測される。ただし、この推測は現段階では史料不足で論証困難である。

広谷場の皮取権の実態に関する話に戻るが、概して、三〜六人くらいのグループで、場日を三日間くらいずつ所有していた様子が窺える。しかし、広谷場に属した長吏が何戸あったか不明なので、場日の持ち主（場主と呼ばれた）がどのくらいの割合を占めたかはわからない。そこで、この点を佐野場の事例（第4表）で見てみる。これによれば、長吏軒数一一五軒に対し場主は九〇人、場主の割合は約八〇％と極めて高かったことがわかる。第4表には職場に関する問題が他に幾つも見出せるが、ここではこれ以上立ち入らぬことにする。ただし、「場高」の欄に関してだけは、後に述べる弾左衛門の賦課の項で触れる。

第４表　佐野場（佐野惣檀中）の権利分割一覧（天保12年時期）

小単位の場名	長吏軒数	場主人数	場内村数	場高
犬伏場（犬伏場檀中）	5軒	2人	30カ村（27カ村 小頭持ち／1カ村 家別れ組下持ち／1カ村 葛生村と持ち合い／1カ村 赤見村と持ち合い）（他に、戸奈良場内4カ村の勧進場 小頭持ち）	15日場（由緒により30日場のところ半減）
藤岡場（藤岡村檀中）	13軒	13人	7カ村	30日場
駒場場（駒場村檀中）	7軒	7人	10カ村	20日場
下津原場（下津原村檀中）	下津原村 7軒／小野寺村 3軒	8人／3人	4カ村	10日場
免鳥場（免鳥村檀中）	東組 18軒／西組 15軒	4人／15人	31カ村（東組 19カ村／西組（5カ村／4カ村／2カ村／1カ村））	東組 30日場／西組（8日場／5日場／4日場／2日場）
戸奈良場（戸奈良村檀中）	11軒	11人	12カ村（11カ村 戸奈良村持ち（うち4カ村 皮取場のみ戸奈良村持ち）／1カ村 下多田村と持ち合い）	30日場
下多田場（下多田村檀中）	7軒	7人	4カ村（3カ村 下多田村持ち／1カ村 戸奈良村と持ち合い）	30日場
葛生場？（葛生村檀中）	6軒	6人	《1カ村（場日30日中3日所持）》	？
梅沢場（梅沢村檀中）	3軒	3人	10カ村	30日場
	赤見村 13軒	11人	《1カ村（場日30日中20日所持）》	？
	沼尻村 7軒	0人		
佐野場（佐野惣檀中）	115軒	90人	108カ村	194日場

※１　本表は「天保十二年職場日割帳」（『下野国太郎兵衛文書』所収、以下、『太』と記す）を基本に作成した。
※２　「小単位の場名」欄（　）内は、「弘化二年斃牛馬出方調帳」（『太』所収）記載の名称である。
※３　「長吏軒数」は、「天保十二年支配人別帳」（『続下野国太郎兵衛文書』所収）による。
※４　沼尻村は長吏居村ながら全く旦那場の権利を有せず、「家来」階層の特異な性格を示している。

広谷場の話に戻って、権利分割のより詳細な姿を見ておきたい。第5表は『宮根家文書』の嘉永三年（一八五〇）「旦中場境職場日割取調帳」（第2表8番）によって作成したものであるが、これは、先に見た職場全体の権利分割（第3表）を更に再分割（細分化）した様子を示している。この第5表に整理した皮取権細分化のデータには、残念ながら二点の不備がある。一つは、第3表と時期が異なる点である。もう一つは、場日の半分（一〜一五日まで、しかも、その中でも記載漏れもある）しか判明していない点である。このような不備はあるが、第5表のデータは当時の皮取権細分化の実態により近づくことができる極めて貴重な情報である。具体的に見てみれば、一〜三日の場日を共有していた弥兵衛・兵右衛門・勝右衛門・弥五右衛門の四人は、漠然とこの場日の権利を共有していたのではなく旦那村別に権利を再分割していたのである。よく見ると、笠幡村の四つある捨場のうち、篠山一カ所のみ兵右衛門が所有し残り三カ所（明神前・おふじ堂・大町原）は勝右衛門が所有するという具合に、権利の分割（細分化）が捨場別にまで達するケースもあったのである。

このように第5表を詳しく見ていけば、複雑な権利分割の様子と共に、第3表では権利の共有者としか見えない長吏たちの間に、場日所有の多少による格差が見えてくるのである。そして、そうした格差の中で、わずかな場日しか持たない長吏は斃牛馬をほとんど取得できなかったと見られる。和名場では、文久元年（一八六一）に二六人の場主のうち、馬皮を取得し得たのは八人に過ぎなかった（『鈴木家文書解説』）。それでも、多くの長吏が場日をわずかでも所有し続けたのは、主として次の三点の事情によると思われる。

一つは、場主であることで長吏社会における地位や家格を保持し得たと見られる事情である。和名場では、人別帳の肩書に小前と水呑という区別をしていた。この場合、小前は場主を意味し、水呑は

第5表　広谷場における下場権の細分化一覧（部分）

	村名	捨場	1～3日	4～6日	7～9日	10～12日	13～15日
1	横　沼	釈迦堂	弥兵衛	伊右衛門		弥兵衛・権四郎	源右衛門
2	小　沼	塚　下	〃	〃		〃	〃
3	同	東光寺協	〃	〃		〃	常右衛門
4	青　木	青木前	〃	〃		〃	〃
5	中小坂	橋　場	兵右衛門	由右衛門		弥兵衛	鉄五郎
6	紺　屋	紺屋前	〃	伊右衛門	伊右衛門	安五郎	〃
7	下広谷	天神窪	〃	由右衛門	〃	〃	〃
8	下小坂	並　木	〃	〃		弥兵衛	弥兵衛
9	小　堤	下　原	〃			〃	〃
10	上広谷	拾三本	〃			〃	〃
11	藤　金	井　戸	〃			〃	浅　吉
12	関間新田	坂戸原	〃			〃	〃
13	臑　折	富士塚	〃			〃	〃
14	脚折新田	三　角	〃			〃	〃
15	三ツ木	三ツ木前	〃			〃	〃
16	同	三ツ木前	〃			〃	〃
17	同	大田ケ谷村分	〃			〃	〃
18	吉　田	吉田前	勝右衛門	富　蔵		権四郎	
19	大田谷	大田ケ谷前	〃			弥兵衛	源右衛門
20	笠　幡	篠　山	兵右衛門	富　蔵		権四郎	〃
21	同	明神前	勝右衛門			〃	〃
22	同	おふじ堂	〃	富　蔵		〃	〃
23	同	大町原	〃	〃		〃	〃
24	的　場	河　原	〃	〃		〃	
25	同	河　原	〃	〃		〃	
26	上　戸	河　原	〃	〃		〃	
27	鯨　井	河　原	〃	〃		〃	
28	犬　竹	河　原	〃	〃	伊右衛門	〃	
29	平　塚	河　原	〃	〃	〃	弥兵衛	
30	平塚新田	河　原	〃	〃	〃	〃	
31	広　谷	立　堀	弥五右衛門			安五郎	常右衛門
32	戸　宮	戸宮前	〃	由右衛門		〃	伝　七
33	塚　越	竹　縄	〃	金五郎		弥兵衛・権四郎	〃
34	石　井	北　角	〃	〃		〃	〃

「旦中場境・職場日割り取調帳」（嘉永三年）により作成

非場主（場日の権利を持てない層）を意味していることは明らかである。ここに、長吏社会における階層差を百姓社会における階層差になぞらえていたことが明らかとなる。佐野場では、ある水準以上の場日所有者を一軒前と呼んでいたが、これも右のような階層意識に通ずるものと思われる。

二つには、この皮取場の権利が資産化し、相続財産としてはもちろん売買や質入れの対象となったという事情が考えられる。特に、質入れが長吏社会における活発な金融の道を開いた点が重要ではないかと思われる。佐野場をはじめとして、弾左衛門体制下の各地域からたくさんの質場証文（この用語も、田畑等を対象にした質地証文になぞらえた造語と思われる）が見出されている点に、この間の事情が窺われる。

三つには、場主であることによって、「非人」を私的に使役し得たと見られる点である。長吏による「非人」の私的使用をめぐって紛争が生じたケースは、相州大磯場に見出せているものの、現在のところ他地域ではあまり目に付かない。しかし、弾左衛門体制下における長吏・「非人」関係では、長吏一般が「非人」に優越していたのではなく、弾左衛門という長吏頭や各地の長吏小頭という地位にあることと共に、場主という地位にあることによって「非人」に優越し支配権を振るうことができたものと思われる。この問題はもっと探究する必要があると考える。

勧進権（上場権）の分割とその権利内容

まず、第6表によって、広谷場における勧進権の分割状況を見ていくことにする。この表も年不詳の資料「小割改」を素材としているため、残念ながら第3表・第5表の内容と十分に対応しない欠点はあるが、概況は知ることができるだろう。

従来から、弾左衛門体制下の職場では皮取場の権利は日割で分割され、勧進場の権利は村割で分割されていたと言われている。広谷場もその方式とおりであり、第6表はまさしく村割の姿を示している。具体的に見ていくと、旦那場村二三カ村のうち、石井村・笠幡村・鯨井村・下小坂村・青木村・塚越村の六カ村の勧進権は長吏二人の共有であるが、残り一七カ村はそれぞれ一人の長吏によって所

第6表　広谷場における上場権の分割一覧

	旦那場	場主（上場権　持主）	
1	石井村	小頭　助右衛門	組下　平　八
2	臑折村	組下　幸　助	
3	三ツ木村	組下　儀兵衛	
4	藤金村	組下　久左衛門	
5	大田谷村	坂戸　権右衛門	
6	笠幡村	組下　勘四郎	組下　佐左衛門
7	的場村	組下　弥右衛門	
8	上戸村	小頭　助右衛門	
9	鯨井村	組下　小右衛門	組下　清兵衛
10	小堤村	小頭　助右衛門	
11	下小坂村	小頭　助右衛門	組下　勘右衛門
12	中小坂村	小頭　七郎右衛門	
13	下広谷村	小頭　勘左衛門	
14	犬竹村	組下　幸　助	
15	平塚村	組下　幸　助	
16	紺屋村	小頭　七郎右衛門	
17	横沼村	小頭　七郎右衛門	
18	小沼村	組下　奥右衛門	
19	青木村	組下　庄左衛門	組下　文左衛門
20	戸宮村	組下　半右衛門	
21	塚越村	組下　清五郎	組下　伊左衛門
22	上広谷村	小頭　勘左衛門	
23	吉田村	組下　勘右衛門	

「小割改」（年不詳）により作成

有されていた。この状態を、旦那村の百姓から見れば、「我が村出入りの長吏は〇〇である」と認識される関係だったということになる。こうした各旦那村出入りの長吏も、勧進権の持主という点で場主だったのである。

ここで注意を要するのは、場主と記されている場合あるいは場主と呼ぶ場合に、それは下場（皮取場）の権利所有者を指しているのか、それとも、上場（勧進場）の権利所有者を指しているのかという問題である。先に和名場長吏の人別帳に場主であるか否かによって小前か水呑かと区別する肩書が付されていたことを述べたが、この場合の場主はどちらの意味合いで場主とされたのか厳密な検討が必要なのである。

それはともかくとして、広谷場の勧進権分割問題に戻って、別の角度から見ておきたい点がある。そのため第6表の勧進権分割表（村割の状態が鮮明にわかる）を、勧進権所有者を基軸に組み替えてみる（第7表）。これを見れば、勧進権所有状況には皮取場の権利所有状況よりも大きな格差があることがわかる。つまり、勘左衛門はまるまる二カ村、助右衛門はまるまる二カ村と他の場主との持合二カ村、幸助と七郎右衛門は共にまるまる三カ村、という旦那村所有の状況が一方にある。他方、一カ村だけの所有者が六人、持合村一カ村だけの所有者が十人という状況がある。所有状況に大きな格差があることは、一目瞭然であろう。

しかも、第3表・皮取場権分割表に見られる四五人（まったく同時期とは言えないが、名前などから比較的近い時期のものと見られ関連づけは可能と思われる）を考慮すると、広谷場長吏の半数以上は勧進権をまったく所有していなかったと見られる。そして、肩書に注目してみると、勘左衛門・助右衛門・七郎右衛門という小頭層が勧進権所有者として突出していたことがわかる。ただし、組下な

第７表　広谷場における上場権主一覧

	場主名	旦那村名
1	小頭　勘左衛門	下広谷村・上広谷村
2	組下　儀兵衛	三ツ木村
3	組下　勘四郎	笠幡村（組下佐左衛門との持合）
4	組下　佐左衛門	笠幡村（組下勘四郎との持合）
5	組下　庄左衛門	青木村（組下文左衛門との持合）
6	組下　文左衛門	青木村（組下庄左衛門との持合）
7	組下　半右衛門	戸宮村
8	組下　清五郎	塚越村（組下伊左衛門との持合）
9	組下　伊左衛門	塚越村（組下清五郎との持合）
10	小頭　助右衛門	小堤村・石井村（組下平八との持合）・ 上戸村・下小坂村（組下勘右衛門との持合）
11	組下　幸助	臑折村・犬竹村・平塚村
12	組下　久左衛門	藤金村
13	組下　弥右衛門	的場村
14	組下　小右衛門	鯨井村（組下清兵衛との持合）
15	組下　清兵衛	鯨井村（組下小右衛門との持合）
16	組下　勘右衛門	下小坂村（小頭助右衛門との持合）
17	組下　平八	石井村（小頭助右衛門との持合）
18	小頭　七郎右衛門	中小坂村・紺屋村・横沼村
19	組下　奥右衛門	小沼村
20	坂戸　権右衛門	大田谷村

がら三カ村を所有していた幸助という存在がひとりあるが、その事情については皆目わからない。

ただ、広谷場が勧進権所有状況の典型であったとは言えず、大げさに言えば千差万別であったかも知れない。また、一つの職場であっても、時期によりその状態が大きく変化したということも考えられる。そうしたことは、皮取場の権利状況についても同様である。したがって、一つでも多くの研究事例を増やして全体の傾向を探っていかねばならない。現在は、まだその入口を少し入った所に立っているに過ぎない。

このような状況は、勧進権の内容面についてもまったく同様に当てはまると思われる。つまり、長吏、「非人」が勧進によって取得する内容も地域によって様々（千差万別とまでは言わずとも）だったということである。これもわかる限りの事例をあげてその傾向を探る必要があるが、到底、本文でなし得ることではないので、一つだけ武蔵国多摩郡青梅場の様子を紹介しておく。

青梅市の旧名主家（中村保男家）の資料「穢多・非人番の控え」によると、長吏の勧進はおよそ次のような内容だった（箇条書きで記す）。
①夏は麦一升ずつ、秋は稗一升ずつ、百姓家一軒ごとに与える。
②名主など村役人へは、夏・秋・盆・正月に草履を持参して挨拶する。その際、名主などは夏・秋の物を二升ずつ、盆・正月も余計に米銭を与える。
③正月十四日・十五日に、長吏とその妻子は、旦那村内で「まいがき」と呼ばれる勧進廻りをする。その時提供される物は、雑穀の粉でこしらえた団子である。
④葬礼の際、「不浄品々は穢多・番非人両方へ遣わす」とあるように、葬礼用具や死者の衣類等を与える。
というようなものだった。

このうち、③については、「出入りの有無に拘わらず、どの長吏も廻ることができた」とあるので、権利分割になじまない長吏の本源的な性格にかかわる勧進であったように思われる。この点は、「まいがき」が「繭かき」のなまった用語であり、「春駒」や「蚕種貰《こたねもら》い」などに通じる呪術的・宗教的勧進という側面からも考えるべき問題であろう。

④については、「不浄片付けは穢多・非人番仕り候」という記述もあるので、旦那村側では葬礼における長吏・非人の役割への見返りと位置付けていたことがわかる。また、「不浄」と表現している点に、死穢に対する忌避感と共に、長吏・「非人」に対する強い穢れ視・賤視が窺われる。しかし、これも本来は、祝儀・不祝儀の際に古くから行われてきた布施・勧進行為に淵源を発するもので、長吏・「非人」の活動の呪術的・宗教的な性格の原初的な姿を窺わせるものではないかと考えられる。

長吏の勧進権の様子を見ていくと、必然的に、「非人」の勧進権もかかわってくる。そこで、青梅場における「非人」の勧進権についてもここで簡単に触れておく。「非人」の場合は、権利分割という問題の立て方は実態になじまず、旦那村が幾つか共同して一つの「非人」小屋を用意し、それを維持していくため「非人」の勧進に応じるという関係にあった。その際、「非人」を配置する権限と義務を有するのが長吏（小頭・場主）であった。「非人」小屋は、通常、家族持ちの小屋主が預かり、抱非人と呼ばれる「非人」を配下に持って旦那村の諸役（特に番人役）と共に、長吏に対する場役を務めるというものだった。職場全体の「非人」を統轄する者が小屋頭と呼ばれたが、このような「非人」組織の在り方は原則的なタイプであって、各地でかなり異なるタイプが見られる。しかし、ここでは、「非人」組織に関してこれ以上立ち入らないことにする。

青梅場における「非人」の勧進内容を前出資料によって、以下、箇条書きに述べる。

①「扶持」として、一カ月ごとに、百姓家一軒につき製穀三合三勺ずつ与える。

②夏は麦二升ずつ、秋は稗二升ずつ、百姓家一軒ごとに与える。

③盆・正月・五節句・毎月三日（朔日・十五日・廿八日）等すべての式日祝いに、百姓家は志次第で米銭を与える。

以上が「非人」の勧進の主な内容である。

①については、これが「非人」にとってどれ程の収入となるのかは、旦那場村数、その村々の百姓軒数や「非人」小屋の人数等が判明しないと判断がつかない。しかし、年間ではかなりの数量に達するものと見られる。②については、単純に見て長吏に対する量の倍額であることが注目される。③については、これまた、長吏に対する勧進よりも回数がかなり多いことが確認できる。

「非人」による勧進の回数の多さについては、中村家の他資料「村鑑《むらかがみ》」や「法鑑《ほうかがみ》」の中に、酒手貰い、市場貰い、小麦・大豆・大根類貰い、祝儀・仏事の米銭遣わし、正月餅七切（これだけは、長吏も対象だった）等の語からも窺い知れる。このような長吏の勧進回数との差は、何よりも両者の生活基盤・生活構造の違いにあった。すなわち、「非人」はその生活をほとんど勧進に頼らざるを得なかったが、長吏は農業をはじめとして、皮革業・履物業（特に、竹皮草履・雪踏は専売）・その他の産業に従事していたため、勧進は生業の一部を占めるに過ぎなかったところが多い。どの部分を主要な生業とするかは、同じ弾左衛門体制下でも地域により集団により様々な違いがあった。中には、勧進物のほとんどを「非人」に譲り渡してしまったと見られる地域もあった。

ただし、たとえ長吏が「非人」に勧進物を全面的に譲り渡してしまったように見えても、長吏は勧進場の場主の立場を放棄してしまっていたわけではない。場主の長吏は旦那村の「出入りの長吏」であり続け、「非人」に対する支配権を振るい続けたのである。右に述べたように、皮取場も勧進場も共に複雑な実態を呈しながら、弾左衛門体制下の職場（長吏旦那場）としては、両側面の二重構造を維持し続けていたのだと思われる。

最後に、ここまでの説明では触れ得なかった職場絵図・職場推定図を紹介しておきたい。ただし、

第19図　【武蔵国中丸場】職場絵図

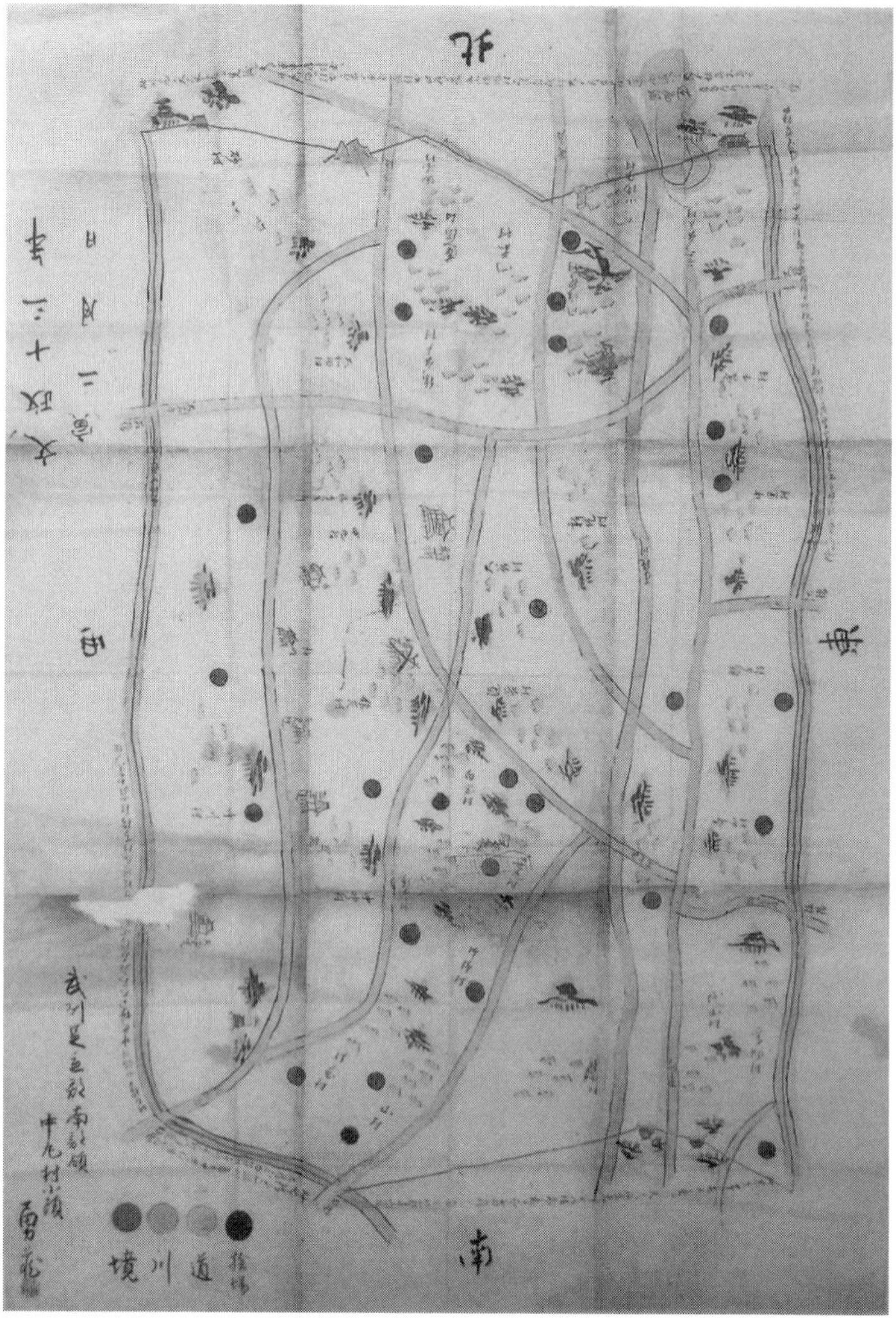

一つの職場について複数の存在が知られるケースについては一点のみの紹介とし、現在、知り得るものを極力網羅的に以下に紹介する。第19図は、武蔵国足立郡中丸村小頭支配の職場絵図（第1表7番）、第20図は下野国足利郡山下村小頭支配の職場絵図（第1表16番）、第21図は下野国都賀郡小山宿小頭・同郡神鳥谷村小頭支配の職場絵図（第1表19番）、第22図は相模国淘綾郡大磯宿小頭直接支配の職場（「小職場」）絵図（第1表20番）、第23図は相模国三浦郡公郷村宗源寺長吏集団支配の職場（「小職場」）絵図（第1表21番）である。

第24図は、塚田孝氏が「大磯宿小頭助左衛門文書」に含まれる職場絵図と職場日割帳を基に描いたもの（塚田孝一九八七、初出一九八〇）である。これは筆者が名付ける【相模国大磯「総職場」】推定図に相当する。一部の小職場のデータが欠けているため全体像を描き切れてはいないが、およその範囲や隣接する他小頭支配の職場も推定可能なものである。第25図は、筆者が、旧名主家の文書によって特定を試みた武蔵国多摩郡藤橋村小頭支配の【武蔵国青梅場】職場推定図である。

四　第三の特徴――「非人」支配を組み込んだ構造

弾左衛門体制下の各地域の資料（主として旧小頭家文書）には、次のような文書――「非人」が長吏小頭に提出した文書――が数多く見出される。ここでは一つの事例として、佐野場における文書（『下野国太郎兵衛文書』三十五番）を紹介する。文面の要約が難しいので、全文の読み下し文を掲げて必要な箇所のみ触れることにする。

第20図　【下野国足利場】職場絵図

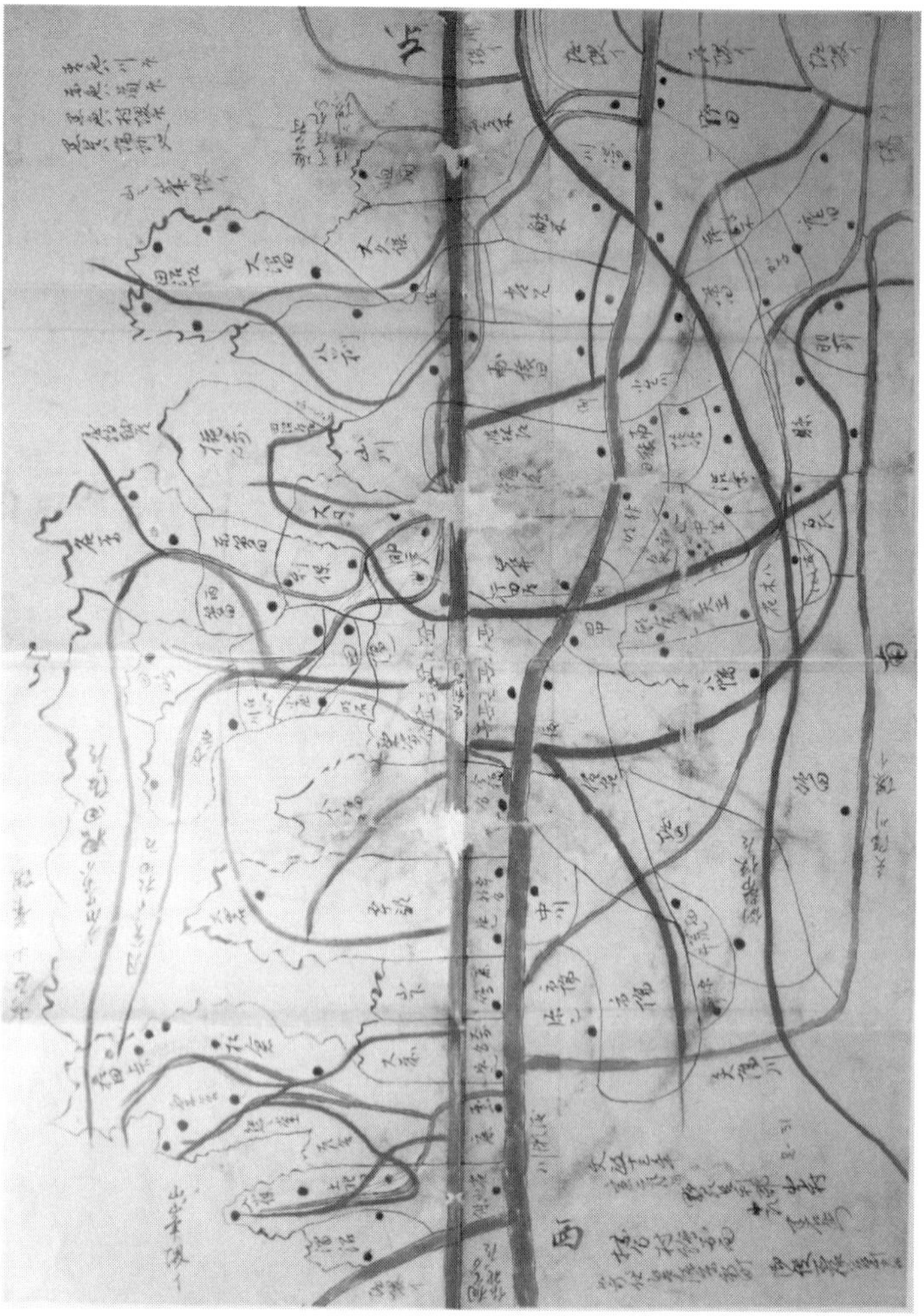

第21図　【下野国小山場】職場絵図

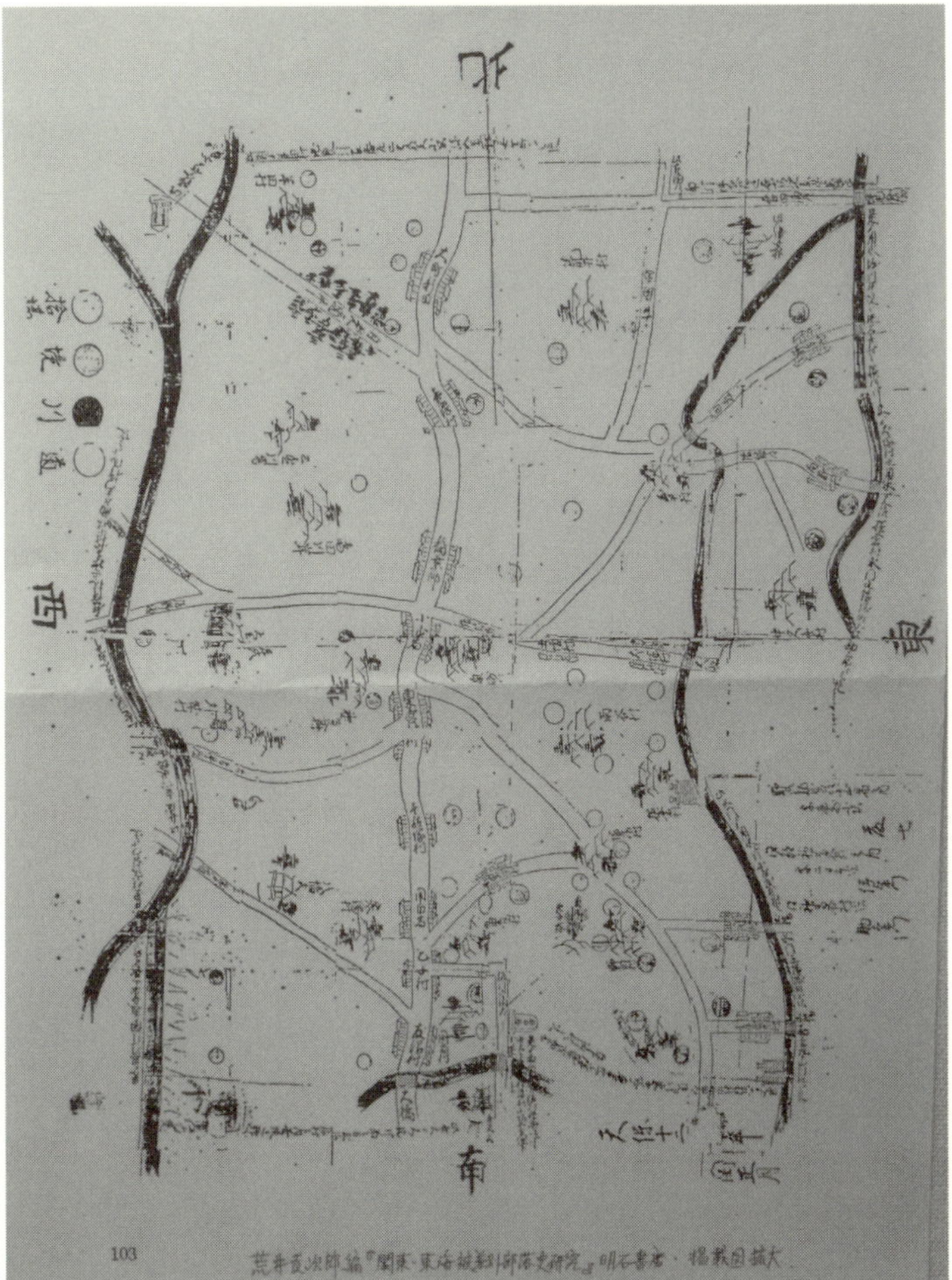

第22図　【相模国大磯場】職場絵図

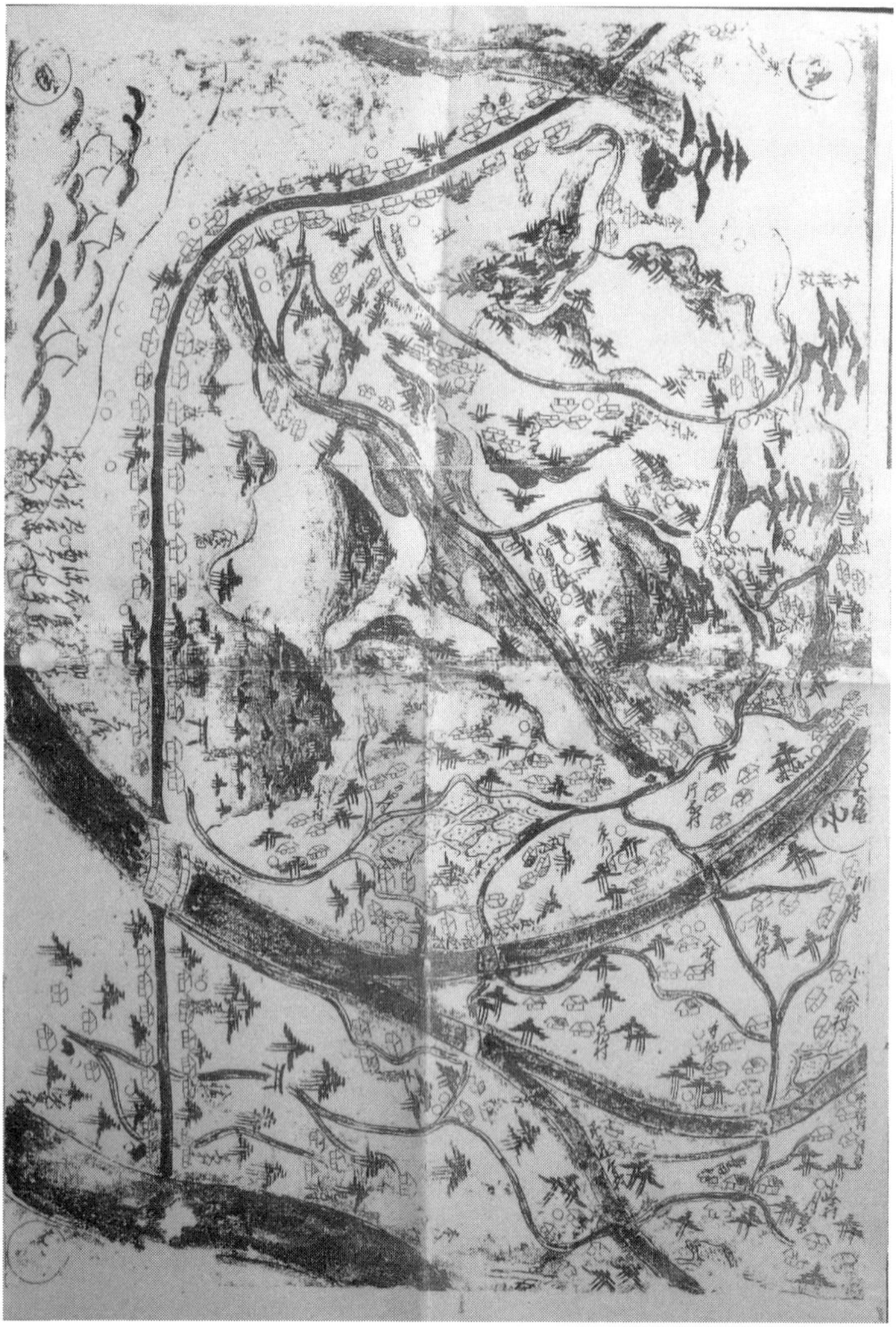

第23図　【相模国宗源寺場】職場絵図

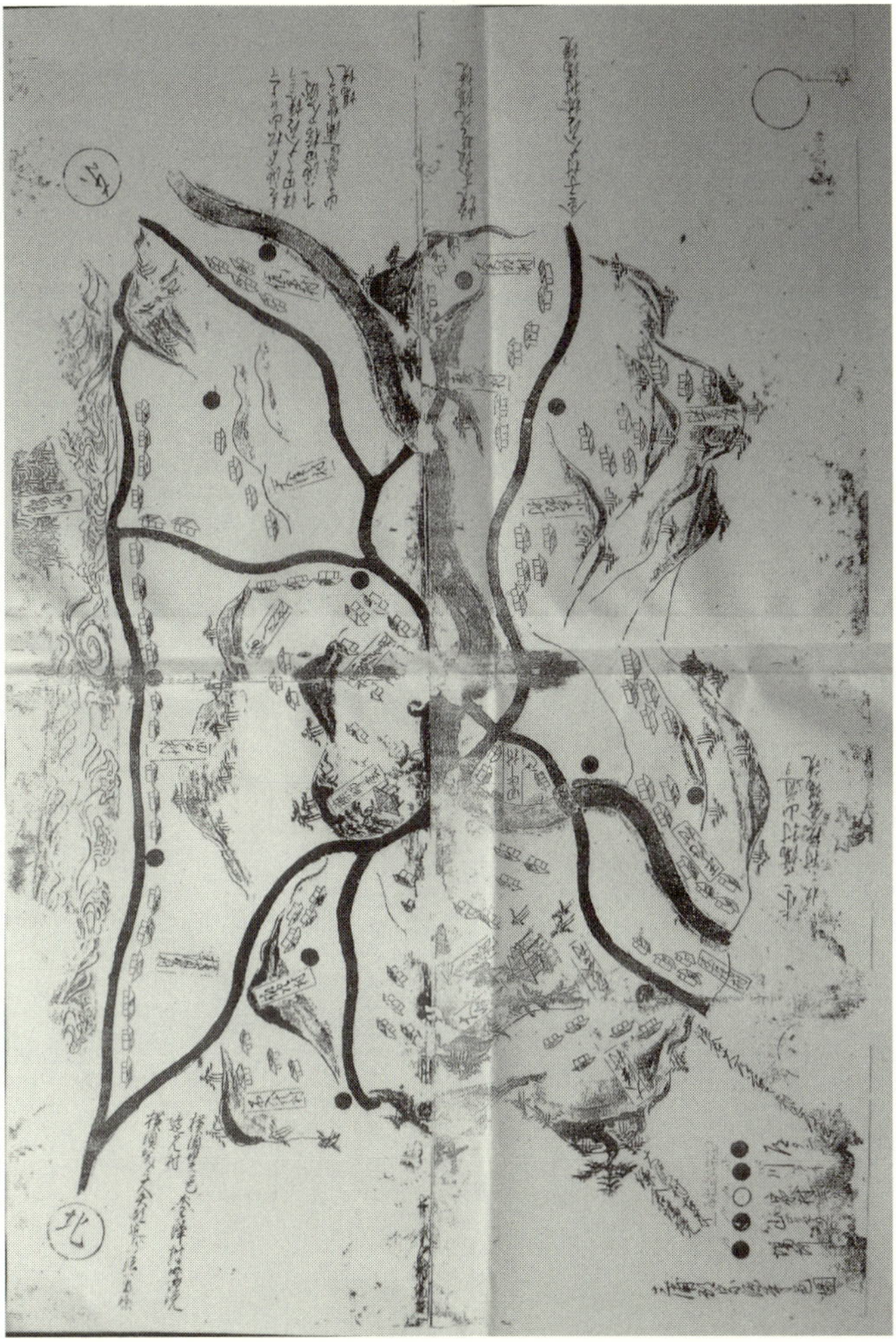

第24図　【相模国大磯総場】職場推定図

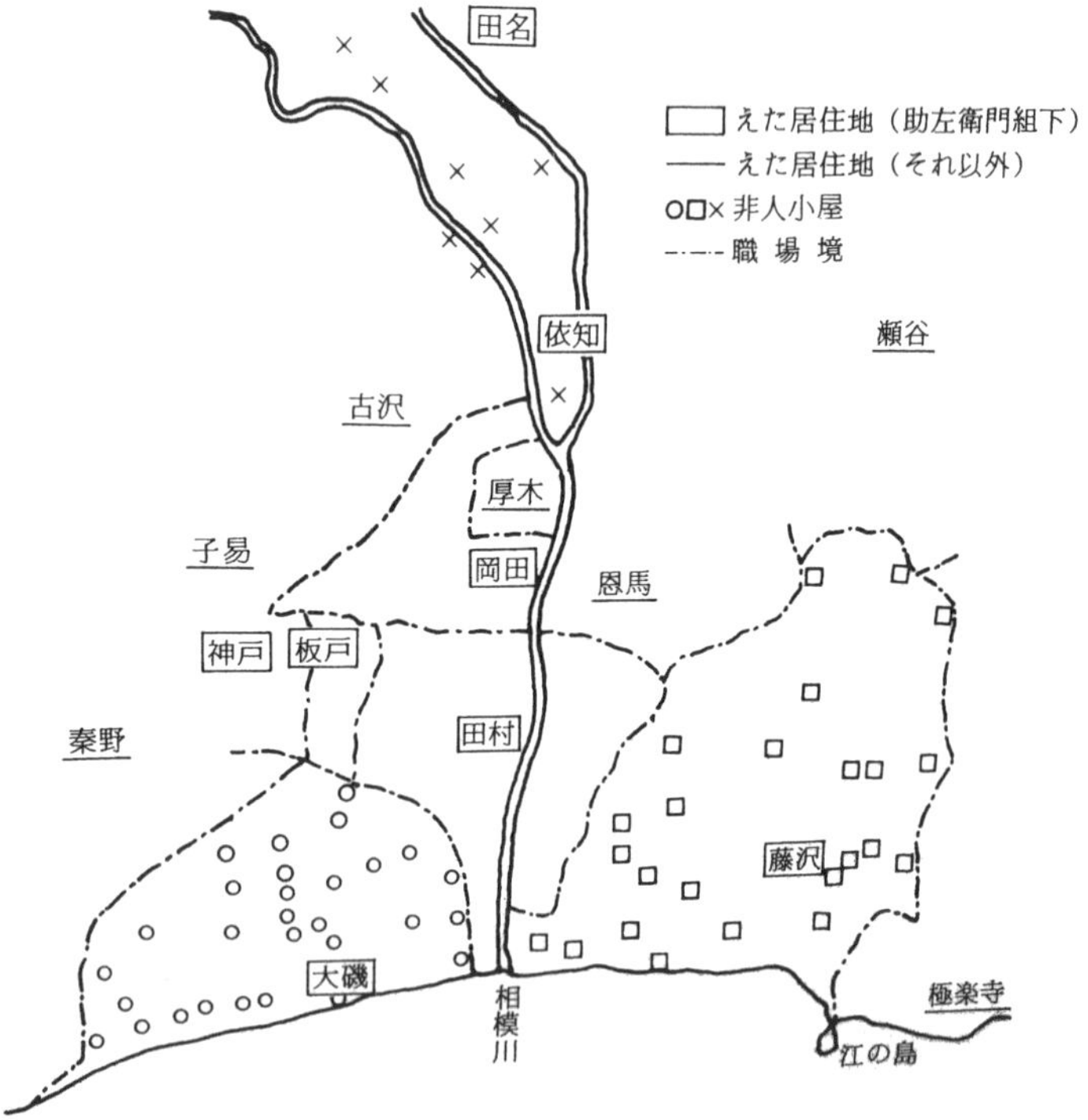

差し上げ申す一札の事

一盗み・伐り取りは申すに及ばず、切支丹ござ候らわば申し上ぐべく候、博奕仕る者ござ候らわば申し上ぐべく候、怪しき者片時も宿貸し申すまじく候、生類大切に仕るべく候、尤も、捨子仕る者ござ候らわば申し上ぐべく候、仏事・祝い・家作等軽く仕るべく候、惣じて目立ち候儀仕るまじく候事

一衣類の儀木綿の外、糸類一切調え置き申すまじく候、長道具は申すに及ばず、脇差・刀指し申すまじく候、人別帳面毎年明白に相認め、組頭・場主へ差し出し申すべく候、生死・増減・走り候者、早速申し上ぐべく候事。

一場役の儀は先前の如く、組頭・場主の下知相背き申すまじく候、役人日々差し出し、斃牛馬等見落としこれ無きよう仕るべく候、非人共髪毛毎月切り申すべく候、頭巾・覆面・被りもの致させ申すまじく候、非人共宿に置き、諸細工・商売等致させ申すまじく候、乞食一通り仕るべく候、喧嘩・口論致させ申すまじく候事

一非人共場中相廻り候節、村々百姓中へ無礼仕らず候よう申し付け、差し出し申すべく候、火の用心大切に仕るべく候、非人ども乞食に出候節、火道具所持、先々にて煙草呑ませ申すまじく候、抱非人共に非道なる役目申すまじく候、他の非人無断猥りに差し置き申すまじく候事

一御公用、その外何の儀に限らず御窺い、相勤めべく候事

右の条々は申すに及ばず、仰せ渡され候御法度の趣、きっと相守り申すべく候、もし、少しでも相背き候らわば、如何ようのみせしめにも仰せ付けらるべく候、その為、毎年証文差し上げ申すところ、よって件の如し

（日 高 市）
市 ）
（狭 山 市）
北 畑（?）
扇町谷
仏 子
（入 間 市）
（所 沢 市）
★二本木
残堀
南小曽木
今井
新町
川辺
友田
羽村
川崎
五ノ神
石畑
殿ケ谷
岸
三ツ木
横田
箱根ケ崎
中藤
芋窪
蔵敷
奈良橋
狭山
清水
高木
回田
野口
久米川
大岱
南秋津
野塩
中里
小山
南沢
前沢
柳窪
田無
小川
小川新田
鈴木新田
福生
熊川
砂川
立川
拝島
平井
草花
菅生
引田
戸吹
高月
宮下
大沢
下川口
①
犬目
楢原
横山
谷野
滝山
北平
②
宇津木
粟ノ須
日野宿
③
石川
北大谷
大和田
宮
西中野
大楽寺
横川
元本郷
八王子
元八王子
下長房
元子安
北野
豊田
南平
程久保
三沢
百草
落川
高幡
青柳
谷保
本宿
府中
国分寺
恋ケ窪
貫井
小金井
人見
是政
四ツ谷
中河原
散田
小比企
片倉
打越
西長沼
平山
東中野
大塚
和田
関戸
連光寺
大丸
百
東長沼
矢野口
坂濱
下椚田
館
寺田
大船
中山
下柚木
上柚木
堀之内
越野
松木
別所
落合
乞田
貝取
平尾
鑓水
相原
小山
南大沢
上小山田
下小山田
小野路
真光寺
広袴
大蔵
能ケ谷
図師
野津田
山崎
金井
三輪
根岸
木曽
本町田
南大谷
成瀬
森野
原町田
高ケ坂
金森
小川
（相 模 原 市）
12km

第25図　【武蔵国青梅場】職場指定図

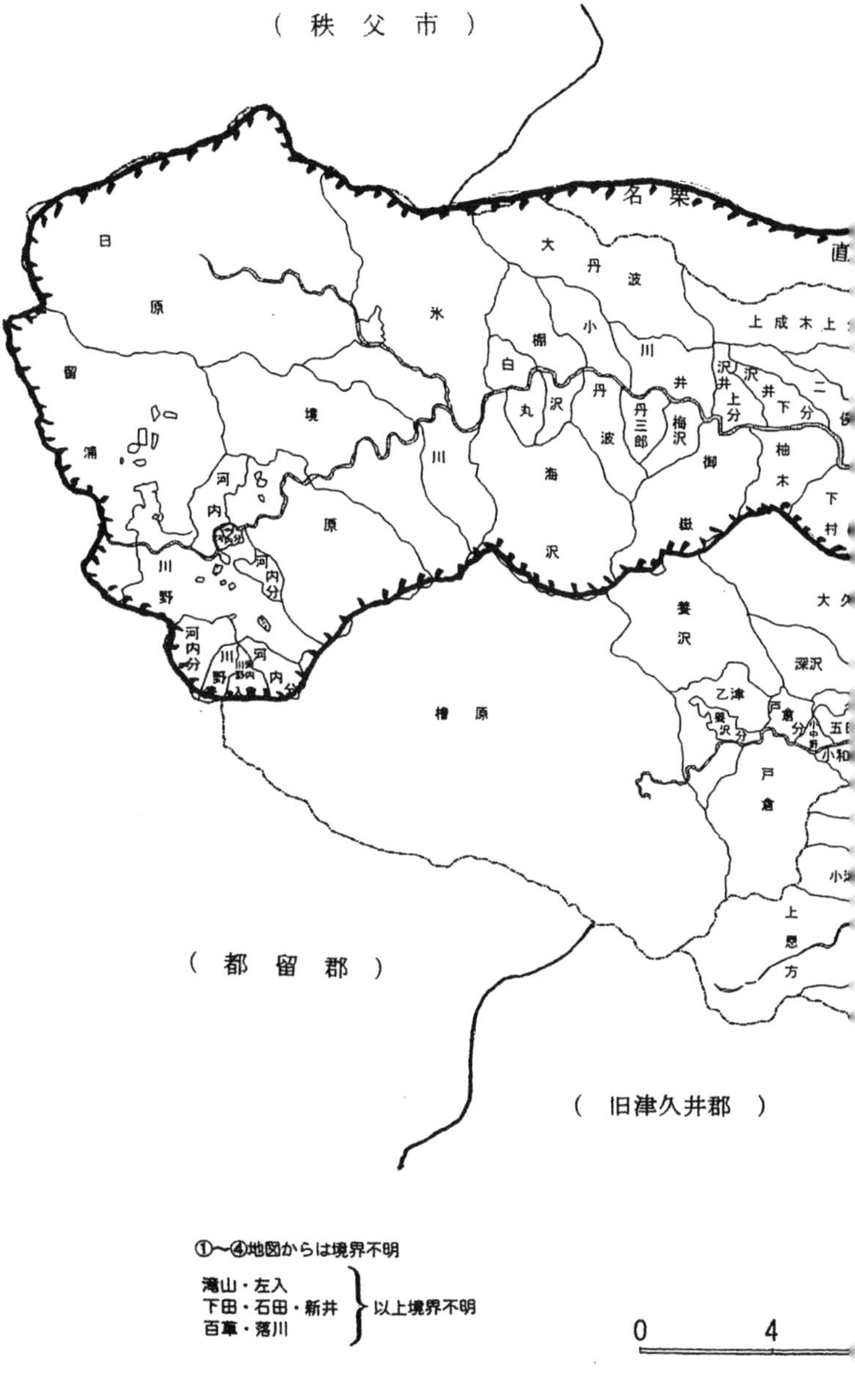

出典：『東京府郡区全図』（1896年（明治29）7月発行、東京府蔵版、東京都公文書館所蔵）より作成

弘化五年戊申三月九日

藤岡村場主衆中　植野村小屋頭　年番　八兵衛　㊞
駒場村場主衆中　小野寺村小屋頭　重兵衛　㊞
下津原村場主衆中　下仙波村小屋頭　長五郎　㊞
小野寺村場主衆中　永野村小屋頭　重右衛門　㊞
免鳥村場主衆中　栃本村小屋頭　欠落跡兼帯　忠　七　㊞
赤見村場主衆中　天明町火の番　吉太郎　㊞
戸奈良村場主衆中　犬伏町火の番　勇　助　㊞
下多田村場主衆中　高山村火の番　勘五郎　㊞
葛生村場主衆中　下飛駒村火の番　伝　吉　㊞
梅沢村場主衆中　上彦間村火の番　初太郎　㊞
免鳥村場主衆中　船越村下小屋主　名　平　㊞

小頭
太郎兵衛殿

いささか長い資料紹介となってしまったが、この文書は掟《おきて》証文とも年《ねん》証文とも呼ばれた。また、「非人」が提出するものという意味で手下《てか》証文とも呼ばれた。現在確認できるところでは元禄年中から、ほぼ変わらぬ文面で弾左衛門体制下の全地域において見出されている。その趣旨は「非人」が小頭に対して忠誠を誓うというもので、年々提出させられたものである。なお、この文面が、場主宛の書式になっている点にも注意を要する。「非人」にとってこの証文を提出することは、長吏に対する服属儀礼となっていたものと考えられる。ついでに述べておけば、文面に違いはあるが、長吏も同じく服属儀礼として組下証文を小頭宛に年々提出していた。

手下証文の内容面としては、全体として、幕府の法令や政策を取り込みながら、長吏が「非人」に強制した様々なきまりが盛り込まれている。最も重要なきまりは、三番目の条文にある。まず、場役と名付けられたきまりである。これは、組頭（小頭のこと）・場主の指揮の下に、「非人」は村々の捨場を見廻って斃牛馬を発見することが義務づけられている。この文面では明記されていないが、前項で述べたとおり発見したら「非人」がその解体・皮剝を行うことも当然のこととするきまりなのである。つまり、斃牛馬処理システムの最も重要な役割が「非人」に負わされていたのである。

次いで、この条文には、「非人」が「諸細工・商売」に携わることを一切禁止し、「乞食一通り」の生活スタイル（勧進だけが生活の糧という生業構造）で暮らすことを強制している。右のきまりは、「非人」にとって唯一の生業―勧進―を実現する場である勧進場は長吏（小頭・場主）から「預け」られたもの（長吏の意に添わなければいつでも取り上げ可能なもの）であり、これに依存しなければ生きていけないという仕組みを前提にしていた。この点に、弾左衛門体制下の長吏と「非人」の関係が端的に示されているのである。

その他の条文をとおしても長吏と「非人」との関係や百姓（旦那）をめぐる諸問題が窺われるが、ここでは「非人」の組み込みを不可欠とした弾左衛門体制下における長吏旦那場（特に、その皮取場の側面）の特徴に絞っての説明に留めておく。

五　第四の特徴――弾左衛門による職場や長吏・「非人」への貢税が確立

職場年貢銀

第8表に整理したものが、弾左衛門による配下への貢税のうち職場に掛けられた貢税である。はじめ現物の絆綱《はづな》（端綱とも記し、馬の口に付けて、馬を引いたり繋いだりする時に用いられた皮製の綱）で納められたが、ある時期に銭納化されて「御はつな銭」、やがて「御絆綱銭」という名称で徴収された。その後、寛政八年（一七九六）に銀納化されて「年貢銀」と名称を変更し、更に五年後の享和元年（一八〇一）以降弾左衛門体制崩壊まで「職場年貢銀」という名称の下に徴収された。

名称の流れとしては右のようなことになるが、初期の絆綱は必ずしも貢税という性格のものではなかったと筆者は見ている。いつから現物の絆綱が弾左衛門に上納されたのか、その経緯は不明である。しかし、筆者は、弾左衛門体制の形成と共に始まったと推測している。すなわち、弾左衛門が支配地域を拡大する中で、その傘下に属した各地の小頭は服属儀礼として弾左衛門方での年始礼に毎年参集した。その際、弾左衛門への忠誠を誓う小頭証文（これも、年証文であり掟証文である）や人別帳と共に、絆綱一間（約一・八メートル）を持参したと見られる。これらの持参品を含めて、年始礼という儀礼が定式化されたのだと思われる。

したがって、絆綱の上納は服属の象徴であったから、当初、各地の長吏組織や職場の大小にかかわりなく、各小頭が持参する絆綱は一間に決まっていた。ところが、やがて現物納から銭納に変化する

第8表　職場年貢銀の変遷一覧

年号年（西暦）	名称	金額	発給者	印判	備考
元禄 3 (1690)			新佐	A	新佐と新亮は同一人物と思われる。絆綱一間は現物納の段階である。
元禄 6 (1693)	御絆綱	1間	新亮		
元禄 9 (1696)			初三郎	B	初三郎と矢野初三郎は同一人物と思われる。この時期に銭納に。
亥年（？）	御はつな銭		矢野初三郎		
丑年（？）					
享保 11 (1726)			月番役所	C	「場所25カ村」の記載開始
享保 14 (1729)		1000文			
享保 17 (1732)					
元文 3 (1738)					
寛保 3 (1743)		運		？	受取書は無いが、他史料から確認。
延享 元 (1744)			役所	D	3割増。
寛延 3 (1750)	御絆綱銭	1332文			
宝暦 4 (1754)		運			3割増廃止。完全に元に戻るに至らず、約1割増のままに。
宝暦 5 (1755)					
天明 2 (1765)			運		「場日60日」の記載開始
天明 3 (1766)		1090文	弾左衛門役所		
寛政 2 (1790)			運		
寛政 3 (1791)					
寛政 4 (1792)		運	浅之助役所		
寛政 5 (1793)			運		
寛政 6 (1794)		1639文			5割増。
○寛政 7 (1795)	運	運		E	
寛政 8 (1796)		16.5匁 運			この年から銀納に。
○寛政 9 (1797)	年貢銀				5割増廃止。
○寛政 12 (1800)	運	10.9匁	弾左衛門役所		
○享和 元 (1801)					
○享和 2 (1802)		運			
○享和 3 (1803)		16.35匁			再び5割増に。
文政 11 (1828)		運			
文政 12 (1829)	職場年貢銀				この年より微増(『三』では逆に微減)。嘉永7(1853)より牛馬皮口銀賦課。
慶応 3 (1867)			運		
明治 元 (1868)		16.5匁	内記役所		
明治 3 (1870)			運		
明治 4 (1871)			直樹役所		

(東日本部落解放研究所編『東日本の近世部落の具体像』明石書店、拙稿「弾左衛門役所の三役銀と印判」掲載「表5」に若干の手直しを行った)

につれて、単なる服属の象徴から貢税へと性格を変えたのだと思われる。そして、銭納化が定着していく中で、長吏組織や職場の大小（地域の実態）に即した賦課方式が次第に採用されていったのだと思われる。

第8表では銭納化の明確な年次は明らかにし得ていないが、過去の検討（拙稿「弾左衛門役所の三役銀と印判」）によって元禄九年（一六九六）から享保十一年（一七二六）の間と時期を絞ることができた。しかも、亥年と丑年と記された「御はつな銭」の受取書がこの間にあったことがわかっている。そこで、この二つの受取書の年次も含めて、次の二点から銭納化の年次を推測してみたい。

第一点は、弾左衛門が宝永二年（一七〇五）に幕府から得た灯心の専売問題である。この件は、幕府が灯心の原料である藺草《いぐさ》の作付けを常陸の一六カ村に限り、その一手買い取り権を弾左衛門に与えたことに端を発した。専売権を得たものの、弾左衛門はたちまち現地百姓の抵抗と要求に直面した。その内容は、原料藺草の安値買い取り反対・生産枠の拡大とその全量買い取り・付加価値の高い灯心手挽きへの参加等だった。

さらに、これに江戸の蠟燭問屋の動きがからみ、結局、享保九年（一七二四）、弾左衛門は藺草作付け村の半分、八カ村（新治郡・筑波郡の山根八カ村と呼ばれた村々）を手放さざるを得なくなった。この八カ村は蠟燭用の心巻灯心のみ供給するきまりとなったが、実際には弾左衛門専売の油灯心も製造・販売した。これは、弾左衛門にとっては抜け荷の横行という事態であったので、紛争が絶えなかった。残る八カ村（筑波郡・相馬郡の山方八カ村と呼ばれた村々）も、弾左衛門への抵抗と要求を続けて幾多の紛争を惹起した。この間、弾左衛門にとって最大の問題は、一手買い取りの資金問題だった。山根八カ村を遂に手放さざるを得なかったのも、資金の限界に突き当たってしまったからである。

したがって、宝永末から享保初期、弾左衛門は何としても大きな資金を調達したかったのである。これがこの時期、絆綱の銭納化に踏み切らせた要因ではないかと推測されるのである。

第二点は、これも過去の検討（東日本部落解放研究所一九九四、初出一九九〇）によるが、植野村などの長吏集団が支配する職場は、はじめ旦那村五カ村で三〇日場という場高（この語句の意味合いは後述）であり、一貫文の絆綱銭を弾左衛門へ上納するものだった。ところが、集団内のもめ事がきっかけで実は他に八カ村の旦那村を隠していたことが寛保元年（一七四一）に発覚し、以後植野職場は六〇日場とされて絆綱銭も倍の年二貫文を上納する羽目になった。そのうえ、二五年分の絆綱銭二五貫文を懲罰として追徴されたのである。ここで、問題はなぜ二五年分なのかということである。そこで二五年を遡ってみると、追徴が開始されたのは享保二年（一七一七）からという計算になる。

右に述べた第一点と第二点とを考え合わせてみると、絆綱の銭納化が開始されたのは享保二年と特定してよいように思われる。この推測が正しいとすれば、先の二つの「御はつな銭」受取書は、享保四亥年（一七一九）と享保六丑年（一七二一）のものということになる。

このような推測が正しいとして、銭納化によって弾左衛門はどの程度の収入を得たのだろうか。これは、弾左衛門体制下にいったい幾つの長吏集団の組があったのか、それが依拠した職場は幾つあったのかという点がわからないと解けない問題である。しかし、現状では概数も推測し難い。ただ、服属の象徴として提出されてきた絆綱一間を、第8表に見られるように、一貫文に切り替えた状態では期待する程の金額にならなかったのではないかという気がする。

第8表によってその後の変遷を見ると、享保十一年（一七二六）から受取書に「場所廿五カ村」（これは和名場の事例だが）という記載が始まったことがわかる。恐らく、弾左衛門（役所）側は、賦課対象としての職場の実態（特に、その規模、旦那村数）への関心を強め、その実態把握に乗り出していったのであろう。そして、やがて宝暦五年（一七五五）、受取書の様式を旦那村数の記載から場高の記載に切り替えた。恐らくこの動きは、絆綱銭の増徴を図るための施策だったと見られる。

すなわち、和名場のような「単一型」の職場の場高は、三〇日場と認定され、これに対応する賦課額は一貫文と設定された。この額は従来どおりの負担額に相当するもので、基準的な職場に該当するものであったと思われる。この場合、場高とは、田畑・屋敷地などに設定された石高になぞらえて、職場の生産高（課税対象額）を日数表示したものと考えられる。ただし、現段階では「単一型」の職場ながらずっと大きな職場でも、同一の三〇日場と認定されたかどうかは証明できていない。

これに対して、第4表で見た佐野場のような「複合型」の職場はやがて、「小職場」ごとの場高を合計した一九四日場（表中の数字では計算が合わないが）という場高（和名場の約六・五倍）に計算され、これに対応する絆綱銭が徴収されるように切り替えられていった。

しかし、このような切り替えは直ちに実行できたわけではなかったし、基準となる場高三〇日そのものに対する賦課額の引き上げも簡単ではなかった（寛政期以降、それまでの約六割増しで定着させるのが精々であった）。だが、弾左衛門（役所）にとって灯心原料である藺草の一手買い取り資金の調達は緊急の課題であったから、絆綱の銭納化以外に、現金収入の道を求める必要があった。ここに、享保九年（一七二四）、諸役所の御用繁多を口実とする長吏・「非人」への大規模な新規貢税が打ち出される事情があった。その動きを示すものが、第9表の家別役銀・小屋役銀の変遷一覧である。これは戸別税に属するものであって職場への賦課という主題からは逸れるので、以下、説明はできるだけ簡単に済ます。

まず、結論的なことを先に述べると、これら戸別税の導入によって、藺草買い取り資金に苦しんでいた弾左衛門側は、一息つくことができたのではないかと推測される。その戸別税であるが、長吏に賦課されたものがやがて家別役銀と呼ばれ、「非人」に賦課されたものがやがて小屋役銀と呼ばれ、近世後期には先の職場年貢銀と合わせて三役銀と称された。

家別役銀は、享保九年（一七二四）に設定された当初家並銭とも呼ばれたが、銀納化されるまでほぼ家別銭の呼称で賦課され続けた。第9表に見られるようにはじめ一戸当たり一二五文であったが、一時期三〇〇文と大増額された。しかし、天明六年（一七八六）には元に戻った。そして寛政三年（一七九一）に五〇文という小幅な値上げの後、銀納化（銭一〇〇文を銀一匁に換算）を経て享和三年（一八〇三）の小幅な値上げで銀二・五匁に落ち着いた。最幕末期に大幅な値上げが行われたことも明らかになっているが、ここでは略す。この家別役銀が全体でどのくらいの金額に達したか明らかでないが、嘉永元年（一八四八）、弾左衛門が町奉行所へ提出した上申書（『諸色調類集』灯心売捌之部に所収）の中で家別役銀の収入を約四百四十両と述べていることが参考になろう。ただし、この上申書は弾左衛門の経済的窮状を訴えるためのものなので、内輪に見積もっていた可能性が高い。

「非人」に賦課された小屋役銀の変遷も、第9表によって家別役銀と同様にその跡をたどることができるが、ここでは略す。ただ、その総額は家別役銀と比べてかなり下回るものだったろうと推測される。

牛《ぎゅう》馬《ば》皮《がわ》口《くち》銀《きん》

嘉永七年（一八五四）、弾左衛門（役所）は、様々な理由と事情説明を加えながら新規の貢税とし

第9表　家別役銀・小屋役銀の変遷一覧

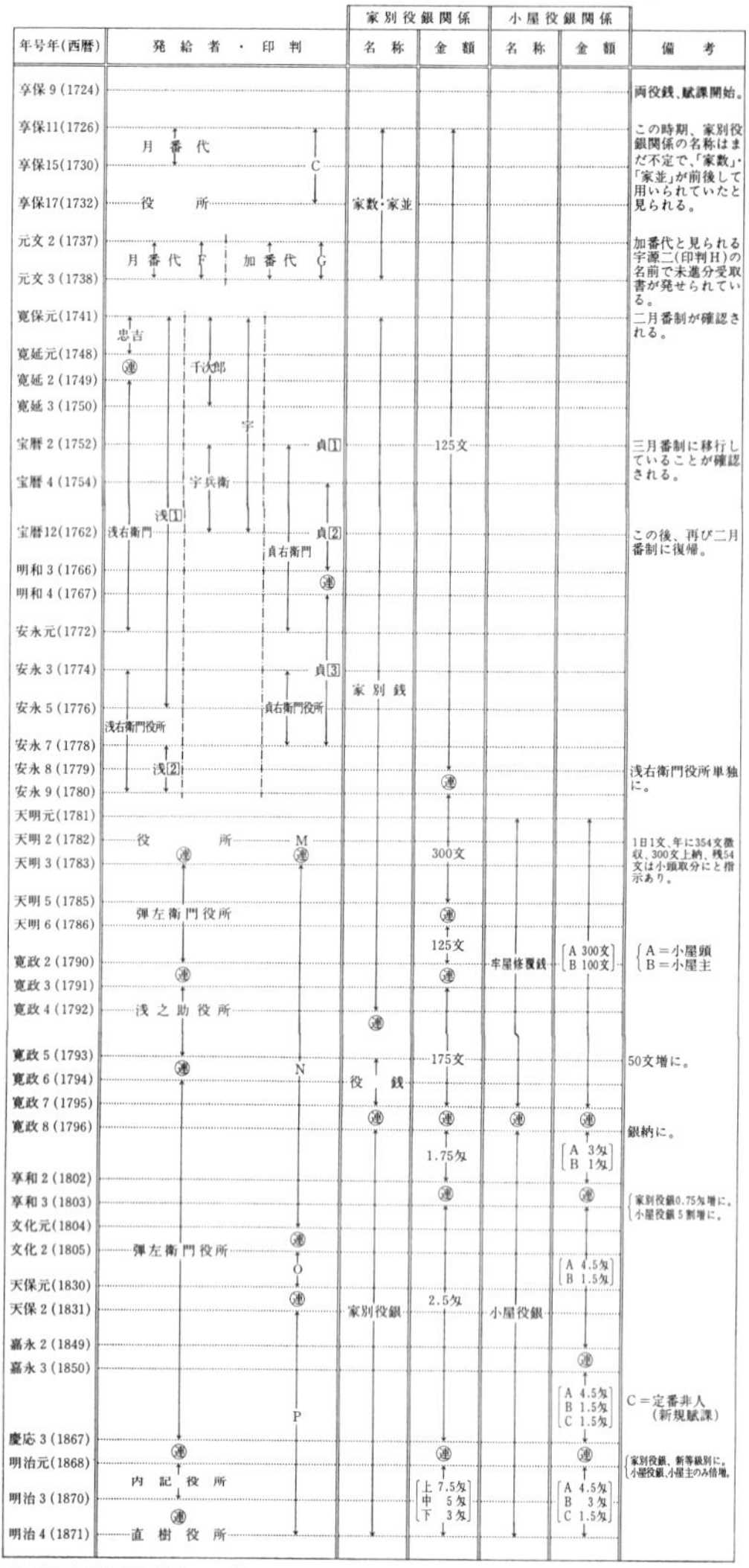

(東日本部落解放研究所編『東日本の近世部落の具体像』明石書店、拙稿「弾左衛門役所の三役銀と印判」掲載「表6」に若干の手直しを行った)

て牛馬皮口銀なる税を打ち出した。この貢税は、各地長吏が入手した斃牛馬皮に対し、牡の牛皮一枚につき銀二匁、牝の牛皮一枚につき銀一匁五分、馬皮一枚につき銀一匁を課すというものだった。当初の説明では十カ年と年限を定めていたが、明治四年の弾左衛門体制崩壊の年まで受取書が見出されるところから見て実際には定式化された貢税であった。この牛馬皮口銀によって弾左衛門側はどのくらいの増収となったのか、現在のところ見積もることはできない。

それ以前に、この貢税が自主申告に基づくシステムをとっていることから、果たしてどれくらい正確に申告がなされたかが問題となろう。小頭家文書に残る「馬皮之調帳」や「皮口銀取立帳」の類を見ても、どれだけ実態に即していたか判断が難しいところである。当時でも正確な実態の把握とそれに応じた賦課の困難さは、当然予想された問題であったろう。この点で注目されるのは、寛政六年（一七九四）十二月に弾左衛門役所から出された一つの触書（『鈴木家文書』九四五）である。それには、「去る子の年より当寅の年まで三カ年の間、牛馬皮並びに牛角・白毛馬皮、一カ年の高何程」を調べて、差し出すことが命じられていた。実に、牛馬皮口銀の実施に至る六〇年も前から、弾左衛門役所は各地の実態把握に努めていたということになる。満を持して嘉永七年に遂に踏み切ったものか、もっと早く実施する目論見が延び延びになってこの年になったものか、現在のところ不明である。いずれにしても、弾左衛門役所はやみくもに新規賦課を行ったわけではなく、それなりに用意周到の準備のうえで踏み切ったものと思われる。それでも、牛馬皮口銀設定後、取得数を正直に申告するよう再三申し渡していることから、在地を十分には掌握しきれない弾左衛門役所の姿が窺われる。

なお、この牛馬皮口銀の賦課にかかわって、見ておく必要があると思われる点がある。それは、前項で触れた、弾左衛門が嘉永元年（一八四八）に町奉行所へ上申した文面に「安房・上総両国、出候斃牛馬は、私方台所場と唱え、先年より口銀差し出』させていたと述べている点である。つまり、安房・上総は弾左衛門体制下にあって特別な関係に置かれ（「弾左衛門台所場」と位置付けられ）、この地域で産する牛馬皮には以前から（いつ頃まで遡るかはまったく不明）口銀が賦課されていたというのである。これが事実であるとすれば、牛馬皮口銀の賦課には先導的試行あるいはモデルがあったということになる。この問題には、牛馬皮口銀の歴史過程解明という課題とは別に、弾左衛門体制の形成過程の解明（その中で安房・上総地域がどのような過程の下に、どのような地位を占めたかの解明）自体が課題として浮上していると思われる。

それにしても、皮取場としての職場の実態に密着した（斃牛馬皮の取得実態に即応した）牛馬皮口銀が職場年貢銀と併存したことは、職場（およびそこにおける取得物）に対する二重課税という事態が現出したわけである。その点からも在方長吏集団による相当の抵抗が予想されながら、弾左衛門体制崩壊まで維持し続けられた要因は何であったのか。この点も、職場（長吏旦那場）を理解するうえでやはり、様々な角度から解明すべき問題であると思われる。

第二章　信州の旦那場と一把稲

斎藤洋一

一　「旦那場」に注目させられた史料

他領の役儀を務める

「旦那場」に最初に注目させられたのは、次の史料だった（『長野県史』近世史料編第二巻（一））。

恐れながら御訴訟申し上ぐ御こと

一、拙者ども儀、高野町御牢の御番仕り候者どもにござ候、その上御縄付きござ候えば、拙者ども甲府まで引き連れ申し候、殊に御成敗者ござ候えば、野に伏し御番仕り申し候、色々御法度者ござ候時は、御役儀数多ござ候を、我等どもばかりにてつとめ申す儀迷惑に存じ奉り候御こと

一、御巣鷹の笠、壱巣に弐つずつ、拙者ども年々差し上げ申し候御こと

一、右の通り拙者ども御役儀仕り候えども、高井郡の長吏ども、御旦那場より秋・夏の御切米は

申し請け、御役儀は一切仕らず候、殊に去年高井郡よりの牢入りござ候にも、御番拙者どもばかりにて仕り申し候、当年も高井郡より御縄付き参り候にも壱人も参らず、拙者どもばかりにて百日余りも御番仕り、迷惑に存じ奉り候につき、今度右の通り高井郡の長吏どもに断り申し候えば、御代官様の御意にござ候わば、異儀申すまじく候と申し候間、御情けに仰せ付けさせられ下さるべく候御こと

寛文六年

午の九月七日

高野町の

与右衛門㊞

野沢村の

又　　助㊞

中村の

甚十郎㊞

小諸の

弥十郎㊞

同所の

与左衛門㊞

矢島村の

惣十郎㊞

高呂村の

勘三郎㊞

長窪村の
角右衛門㊞
平原村の
佐右衛門㊞

御代官様

この史料は、それまでにも何度か目にしていたが、ある時ふと疑問に思ったのである。この史料は信濃国内の甲斐国甲府領（松平綱重領）を治める代官へ（佐久郡高野町に陣屋があった）、佐久郡・小県郡内の九人の「長吏」（以下、近世部落の人々、あるいは部落の人々とも記す）から提出された願書であるが、九人のなかに「小諸の弥十郎」「同所の与左衛門」が含まれていることに気づいたからである。

史料の冒頭には、九人は高野町にある牢屋の番（牢番）などの役儀を務めていると記されている。小諸は小諸藩の城下町である。その小諸の「長吏」が、なぜ他領である甲府領の牢番などの役儀を務めているのだろうかと、疑問に思ったのである。そこで差出人の九人について改めて調べてみると、甲府領ではない「長吏」がほかにも含まれていた。すなわち、平原村も小諸藩領であり、高呂村は祢津旗本領であった。九人のうち四人は甲府領ではなかったのである。

では、なぜ他領の部落の人々が、甲府領の牢番などの役儀を務めているのだろうか。そう考えると、甲府領内に「旦那場」を持っているからではないか、いいかえればその領内に旦那場を持っている者は、他領の者であってもその領内の牢番などの役儀を務めなければならなかったのではないかということに思いいたったのである。もっとも、このことは私の発見などではなく、後述するようにすでに先学が指摘していたことを後で知ることになる。このことから、自分がそのことに関心を持っていないと、先学の研究に指摘されていても見過ごすことがあることを、改めて痛感させられた。

それはともかく、この史料から筆者は「旦那場」に注目させられたのである。

役儀を務めていなくても「一把稲《いちわいね》」

この史料からは、もう一つ重要なことがわかる。それについて見る前に、史料の前半を見てみよう。前半で九人の人々は、高野町にある牢屋の番（牢番）のほかに、「御縄付き」があった時には甲府まで引き連れる（囚人の護送）、「御成敗者」があった時には野に伏して番をする（処刑の手伝い）、いろいろな「御法度者（法令違反者）」があった時には数多の役儀を務める（法令違反者の捜索・捕縛などであろう）と述べている。また、「御巣鷹の笠」を一巣につき二つずつ毎年上納している、とも述べている。このような役儀に、九人の人々が従事していたことを知ることができる。

それでは、後半では何を述べているかというと、このように自分たちはさまざまな役儀を務めている。しかるに、同じ甲府領の信濃国高井郡内の「長吏」は、旦那場から「夏・秋の御切米」はもらいながら、役儀はいっさい務めていない。昨年、高井郡からの囚人があった時も、自分たちばかりが番を務めた。今年、高井郡から「御縄付き」が来た時も、高井郡からは「長吏」が一人も来ないで、自分たちばかりで百日余りも番をして迷惑した。そこで高井郡の「長吏」へ役儀を務めるよう申し入れたところ、代官からの命令なら務めると言っているので、役儀を務めるよう命じてほしいと述べている。つまり九人の人々は、自分たちばかりが役儀を務めていて、高井郡の部落の人々が役儀を務めていないのは不公平だ、高井郡の部落の人々へも役儀を務めるよう命じてほしいと訴えているのである。

この願書から、後に見る「一把稲」について重要なことがわかる。信濃国の部落の人々は、旦那場から一把稲とよばれるものを与えられていて、それが部落の人々の生計のささえになっていたが、それは領主の役儀を務める代償として与えられたものだとする理解が一部にある。しかし、この史料によれば、そうではない。高井郡の部落の人々は、領主の役儀を務めていなくても旦那場から一把稲を与えられているからである。このことから、一把稲は領主の役儀を務めることから生じたものではなく、旦那場との関係から生じたものであることがうかがわれる。

もっとも、この史料には一把稲のことが「夏・秋の御切米」、すなわち扶持米として与えられたものであるかのように記されている。これはどのように考えたらよいだろうか。一つには、一把稲が「扶持」あるいは「役料」であるかのように部落の人々、さらには旦那場の人々に受け取られることがあった。もう一つ、領主が一把稲を「扶持」「役料」と表現することがあった（なお、一把稲とは別に領主から手当が与えられることもあった）。この場合は前者と考えられる。

そうだとすると、なぜ旦那場から一把稲が与えられたのか。このことからも旦那場と一把稲について注目させられた。

ちなみに、この九人の願いが聞き届けられたかどうかは史料がなくてわからない。しかし、役儀を務める部落と務めない部落とがあるのは明らかに不公平だから、おそらく代官から高井郡の部落の人々へ役儀を務めるようにとの命令が出されたものと推測される。

二　先学の研究から

役儀を務めるのは「仲間式法」

前述したように、その領内に旦那場を持っていたら、他領の者であってもその領内の牢番などの役儀を務めなければならなかったということは、すでに先学によって指摘されていた。それを長野県で最初に指摘したのは、私の知るかぎりでは、長野県の部落史研究の先駆者である塚田正朋だと思われる。塚田は、

上田領内の「えた」は、上田城下の牢番はもとより、矢沢や祢津など他領内に「旦那場」をもったばあい、それぞれ矢沢陣屋・祢津陣屋の牢番をつとめた（以下略）

と指摘している（塚田一九八六、初出一九六〇）。そして別な箇所に、この指摘の根拠となる史料を掲げている。

一、海野宿穢多ども、矢沢御領地旦那場に持ち候ゆえ、すなわち矢沢御牢へ参り、番相勤め候
一、西脇村穢多三太と申す者、根（祢）津御領地なつめ田村旦那場に買い入れ候ゆえ、すなわち根津御
牢番に参り、相勤め申し候

塚田はこのように簡単に指摘しただけだったが、その後尾崎行也がさまざまな史料からこのことを明確にした。尾崎は田野口藩牢守の役割について述べたところで、「牢番役は領内および領内に旦那場（見廻区域）を持つ穢多によって勤められている」と指摘し、その根拠となる史料を掲げている（尾崎一九八二、初出一九六三）。

牢番仕り候穢多どもは、弐万五千石の内にまかりあり申す穢多は申すに及ばず、小諸領にまかりあり申す穢多も、弐万五千石に旦那（場）持ち申し候穢多どもは、皆々寄り合い番仕り候

小諸領内に居住している部落の人々であっても、川東二万五千石の幕府領内に旦那場を持っていたら、幕府領の部落の人々とともに、幕府領の牢番を務めなければならなかったことがわかる。

また、次の史料も掲げている。

牢舎の者ござ候わば、御領分に旦那場これあり候穢多どもの儀、御他領ともに一同組合にて、昼夜の番相勤め候儀先例

この史料から、これが「先例」だったことがわかる。なお、この史料の少し先のところには、牢番を務めること、さらには死罪の執行を担うことが、「当国一円穢多仲間の式法」だとも記されている。その領内に旦那場を持っていたら、その領内の牢番などを務めることが、信濃国全域の部落の人々の「式法（きまり）」とされていたことがわかる。

さらに尾崎は、佐久郡下越村の部落の人々が奥殿藩の牢番を務めたことについても、「奥殿藩にとっては領外の下越村であるが、同部落の旦那場のうち入沢村が奥殿領であったところから、同部落は田野口牢屋の牢番を負わされていた」と指摘し、その根拠となる史料を掲げている。そこには、

牢番の儀、御領内に旦那場持ち申し候えば、牢番相勤め申し候

と記されている。

このように尾崎は、さまざまな史料を基に、その領内に旦那場を持っていたら、その領内の牢番などを務めなければならなかったことを明らかにした。

湯本軍一は、「天領中野陣屋における牢屋の存在形態」という論文で、中野天領の牢番について「牢番を勤める穢多は、原則的には天領の村であるが、一部には飯山藩領の者もいた。原因はよくわからないが、一つには彼らが天領の村を旦中村としていたからだと考えられる」と述べている。湯本は、「原因はよくわからない」としているが、塚田・尾崎の研究をふまえれば、飯山藩領の部落の人々が中野天領の牢番を務めたのは、中野天領に旦那場を持っていたからであることは明らかであろう（湯本一九九四、初出一九六五）。

樋口和雄は『飯山市誌』（一九九三）に、文化元年（一八〇四）の飯山藩牢番役を一覧表にして掲げている。その「牢番えた」の村々のうち「牟礼宿」と「長沼（村）」は幕府領で、飯山藩領ではない。にもかかわらず飯山藩牢番役を務めているのは、牟礼宿と長沼村の部落の人々が飯山藩領内に旦那場を持っていたからであることを明らかにした。

このように先学によって、その領内に旦那場を持っていたら、他領の者であってもその領内の牢番役などを務めなければならなかったことが明らかにされていた。

同じころ、長野県以外でも、何人かの研究者によってこのことが明らかにされていたが、信州との比較では、塚田孝が埼玉の『鈴木家文書』の研究から「箕田《みだ》村は忍《おし》藩領ではないが、忍藩の城下町行田《ぎょうだ》は箕田場に含まれていたため、忍藩の牢番は箕田村の者たちが勤めていた」と指摘していることが注目される（塚田孝一九八七、初出一九八五）。城下町といえば藩の中心地である。その城下町の牢番を、忍藩領の部落の人々を排除して、忍藩領ではない箕田村の部落の人々が務めているということは、部落の人々にとって「旦那場」が非常に大きな意味を持っていたことを示している。そして、それは藩権力が介入できなかった（あるいは、部落の人々にまかせて介入しなかった）ことのように思われる。このことからも、旦那場とは何かということに関心を引かれる。

もっとも、信州の場合は右に見たように、「領内および領内に旦那場を持つ」部落の人々によって牢番などの役儀が務められたということだから、領内の部落の人々が排除されていたわけではない。この点は、忍藩の事例とは異なっている。

ところで、これまで見てきたことから、藩などの近世の支配領域と部落の人々の旦那場とが一致していない、ずれていることがあることがわかる。これはどのように考えたらよいだろうか。近世初期には一つの大きな藩領だった地域が、後にいくつかの小さな藩領・旗本領などに分割されることによってずれが生じたケースもあるが、もともと藩領などの設定の仕方と、旦那場の設定の仕方が異なっていたからではないだろうか。いいかえれば、支配の論理とは異なる次元で旦那場が設定されたからずれが生じたのではないだろうか。もう一つ、旦那場は近世の藩領などが設定されるより前の時代に、部落の人々と旦那との間で設定されたということも考えられるのではないだろうか。このようなことも念頭におきながら、さらに旦那場について見ていくことにしよう。

先学の旦那場（一把稲）のとらえ方

旦那場そのものを対象とした研究ではないが、すでに先学がその研究のなかで旦那場とは何かということに言及している。次にそれを見てみよう。

塚田正朋は、「(戦国末期小諸のちょうりは) 他のいくつかの村々にわたって、斃牛馬の処理権をもつ持ち場を認められていた。それが「旦那場」である」「この旦那場は、近世では、後述するように、そこの農家から棟別に壱把稲（籾）を徴発することを認められた、長吏の見廻り場の性格が強くなるが、本来は、中世末期に寺社や小領主につかえたかわやがその寺社領や所領の内部で斃牛馬の処理権をもっていたことに由来する慣行ではなかろうか」と述べている（塚田一九八六、初出一九八三）。

塚田が旦那場を、本来は斃牛馬処理権を持つ場ととらえていたことがわかる。ちなみに、斃牛馬とは死んだ牛馬という意味だが、信州の史料には「落ち馬」すなわち死んだ馬という表現がよく見られる。ただ筆者は、旦那場を斃牛馬処理権を持つ場ととらえることは、旦那場の一面しかとらえていない、狭いとらえ方ではないかと考えている。それはともかく、ここで塚田が旦那場について「中世末期に」「由来する慣行ではなかろうか」、いいかえれば江戸時代以前からの慣行ではないかと指摘していることは注目される。

しかし塚田は、その後に執筆したもののなかでは、旦那場について次のように述べている（塚田一九八九）。

「えた」は「御役目筋」として、治安関係・清掃・市場の取締り・夜警等を担当したが、そのそれぞれの管轄区域を指して旦那場という。数か村にわたったり、一村が複数の「えた」の区域にわかれたりした。「えた」は御役目をはたす代償として、旦那場内の斃牛馬処理権をもち、旦那場内の家々（旦那）から一把稲を貰い集めたり（「えた籾」で与えられたり）、市場銭を徴収する慣例であった。

ここでは「御役目筋」の「管轄区域」を旦那場としている。斃牛馬処理権を持つ場という狭いとらえ方から、より広く旦那場をとらえるようになったように思われる。旦那場のとらえ方に筆者は異論があるが、ここに信州の旦那場の概要は示されているといってよいであろう。

なお、ここでの「えた籾」について塚田は、

本来は、旦那場の村々では秋の刈り入れの際、家ごとに「えた」のために、一把分の稲を刈り残しておいたところから「一把稲」といわれたが、後には「えた籾」というように籾や麦になった。

と説明していて、「一把稲」が後年「えた籾」とよばれたとしているが、筆者が見た史料では、部落の人々が納める年貢を「えた籾」とよんでいる史料が多く、また明治初年の史料にも「一把稲」と記した史料があるので、右の説明には疑問がある。ちなみに「一把稲」の供与の仕方も、右のように「一把分の稲を刈り残しておいた」所もあれば、刈り取った稲一把を田へ置いておいた所もあったようである。なお、小諸藩の寛延三年（一七五〇）の触書には、

一、前々より稲刈り候田場へ長吏ども出で、刈り候稲の内貰い候由、未だ上納も相済まざる以前貰い候儀相聞こえず候、向後上納相済む後、名主方にて吟味を遂げ、相応に取らせ候様致さるべく候

とある（『長野県史』近世史料編第二巻（二））。年貢の上納が済まないうちに部落の人々が、稲を刈っている田へ行き一把稲をもらっていたこと、それがこの時藩から咎められ、年貢の上納が済んでからもらうようにせよと命じられたことがわかる（一把稲をもらう時期は問題にされているが、一把稲をもらうこと自体は否定されていない）。

また、塚田は「一把稲」については、「公務である長吏の仕事に対する代償」と理解している。その根拠として、慶長三年（一五九八）十一月七日付文書で「海津領主田丸直昌が、かわや物頭孫六に、かわや役や牢番・城内清掃等の代償として、領内農家から従来どおり門並に籾一升（京桝）ずつ徴収することを認めている」ことなどをあげている（塚田一九八六、初出一九六〇）。その史料は次のとおりである。

御領分在々に於いて、前々の如く門並み次第、籾子一升取りのこと仰せ付けられ候、新納め舛をもってこれを取るべく候、ならびに居屋敷御扶助を加えられ候、然れば、

一、箒　百本
一、鉄砲胴乱　十
一、鼻皮　五間

右の分、毎年進上致すべく候、御城三の丸まで毎日掃除仕るべく候、牢の御番などの儀は、惣革屋に申し付くべく候、御意としてかくの如く候ものなり

慶長三年
十一月七日　　祖田　安兵衛　御書判
　　　　　　　高橋平右衛門　御書判
かわや物頭
孫　六

ただ、この史料の「前々の如く門並み次第、籾子一升取りのこと」という文言は、それ以前から存在していた一把稲の権利を、この時海津領主が改めて認めたものと見られるから、一把稲が江戸時代の政治権力によって新たに付与されたものとはいえないのではないだろうか。逆に一把稲は、すでに江戸時代以前から存在していたといえるのではないだろうか。

もっとも、塚田が掲げている慶長五年七月九日付の海津領主から孫六へあてた文書には「四郡の内、かわやども牢の番・細工仕り候こと、物頭孫六申し付け次第仕るべく候、扶持として門並みの籾子一升ずつ取り申すべく候」とあり、一把稲が領主側からは「扶持」と認識されていたことが知られる。ちなみに、この史料の後半には、「下々かわやは、その者居住候在所ばかり、門並みのいね一把ずつもらい申すべく候」と記されている。配下の部落の人々には、居住する在所から門並み一把の稲をもらうことが認められたことがわかる。なお、ここでも「門並みの籾子一升」と「門並みのいね一把」とが同意で示されているが、塚田が掲げた右の慶長三年文書と同日付の別の文書にも、「前々の如く門並み次第、稲壱把取りのこと」と記されている。これらのほかに「一把稲」と記された史料が多く

あることから、信州では一般的に「一把稲」とよばれている。

次に、東信地方をフィールドとして近世部落史研究を進めた尾崎行也は、「部落には村方巡視的役割があり、ある特定の個人が巡視する村は決まっていて、その村をその人の廻り場あるいは旦那場と称した。この廻り場からは、巡視に対する反対給付として、一把稲と称する籾を得る権利があった」と述べている（尾崎一九八二、初出一九六七）。

尾崎は、「巡視する村」を旦那場、巡視に対する反対給付を一把稲ととらえていることになる。これは旦那場を「巡視する村」と狭くとらえているように思われる。また尾崎が、「ある特定の個人が巡視する村は決まっていて」と、当初から旦那場が「特定の個人」に所有されていたように述べている点は、検討の余地があるように思われる。というのは、旦那場は元々は部落の集団的な所有だったものが、後に個人に分割所有されるようになったと考えられるからである。さらに一把稲を「巡視に対する反対給付」と、いわばギブアンドテイクのようにとらえている点にも疑問がある。一把稲は、「巡視」に対してのみ与えられるものではないからである。

しかし、尾崎が指摘したのはこれだけでなく、部落には「廻り場を持っているものと、持っていないもの」がいたこと、廻り場が売買されていたこと（売買の際には「村方にも相当強力な発言権」があったこと）、なども指摘している。なかでも先に見た、他領内に旦那場を持っている者は、その領内の牢番を務めなければならなかったことを明らかにしたことは重要である。

以上が信州の旦那場に関する先学のおもな言及である。このほかにも言及しているものはあるが、それらについては行論のなかでふれることにして、以下改めて旦那場について史料に即して見てみることにしよう。

三　旦那場（一把稲）の始まりと終わり

それでは、旦那場（一把稲）の慣行はいつ始まり、いつ終わっただろうか。始まりについては、右の慶長三年（一五九八）の史料が、いまのところ部落の人々の一把稲慣行の存在を伝える最も古い史料といえる。しかし、右に見たように「前々の如く」と記されていることから、一把稲慣行はそれ以前から存在していたと考えられる。しかし、それがいつからかはわからない。江戸時代より前からであることは確実だが。

では、一把稲慣行が終わったのはいつだろうか。これも確かなことはわからないが、明治八年（一八七五）に存在していたことは、次の史料から明らかである。

去ル辛未ノ歳（明治四年）、有難ヒ御趣意デ、陋劣ナ私共ガ、穢多ダノ非人ダノト云フ名称ガ御廃シニ成ツタ上、更ニ皇国三千五百万ノ御人籍へ御列ネ（明治五年壬申戸籍）下サリマシテ、誠ニ々々嬉シクテ有難クテ涙ガコボレマシタ、夫ニ付、私共ハ一生懸命働ヒテ、謂レナク人様カラ只何カ貰フ様ナ見苦シイコトハ仕度ナイト思ツテ居リマスガ、依然同業ノ者ノ中ニ、心得違ノ奴ハ箇様ナ有難イ御趣意ヲ何ントモ思ハズ、従前ノ通リ、夏冬檀那廻リト唱ヒテ麦ヤ籾ヲ貰ツテ居ル者ガ、彼方此方ニ有舛ガ、下サル方々モ貰フ者モ御規則ニ背クコトデ、右ノ為ニ私ドモノ仲間ガ二ツニ割レ（以下略）

これは塚田が「官許長野毎週新聞」第八一号（明治八年十二月五日号）に掲載された投書として紹介したものの一部で、投書したのは「第廿六大区壱小区住　新平民　高橋重勝」とされている（塚田一九八六、初出一九六二）。投書者が自ら「新平民」と記すだろうかという疑問は残るが、投書の内容からは部落の人が投書したものと見られる。

このなかで投書者は、明治四年のいわゆる解放令や、同五年の壬申戸籍によって平民とされたことを喜び、感謝し、「いわれなく人様から、ただ何か貰うような見苦しいことはしたくないと思って」いるが、同じ部落の人々のなかにはそのことがわからず「従前のとおり、夏冬旦那廻りと唱えて麦や籾を貰っている者が、彼方此方に」あると述べている。これによって、明治八年にいたっても旦那場廻りをして一把稲をもらっていた部落の人々が存在していたことがわかる。投書者は、これを苦々しく思っているのだが。

なお、ここで投書者は一把稲を「いわれなく人様から、ただ何か貰うような見苦しいこと」としているが、これは長年月を経ることによって一把稲をもらう意味が部落の人々にもわからなくなってしまったことを示している。しかし、一把稲は本来そのようなものではなく、部落の人々が旦那場で果たした役割によって、いわばもらうべくしてもらったものと見られる。そのことも、この先の検討のなかで明らかにしたい。

これによって、明治八年にはまだあちこちに一把稲の慣行が存在していたことがわかるが、ではそれはいつまで続いただろうか。残念ながらそれはわからない。しかし、島崎藤村の『破戒』に、「穢多はお出入りと言って、稲を一束ずつ持って、皆さんのおとっさんやおじいさんのところへ一年に一度は必ずごきげん伺いに行きました」という一節がある。これは一把稲の慣行が、明治三十年代にも行われていたことを示すものと見られる。というのは『破戒』は、藤村がおおむね明治三十年代前半に取材したことをもとに執筆されているからである。

もっとも、ここでは部落の人々がお出入り先へ「稲を一束」持ってあいさつに行くことになっているが、これは藤村の思い違いであろう。お出入り先の大半は農家なのだから、そこへ部落の人々が「稲を一束」持っていくとは考えられない。お出入り先から「稲を一束」もらっていたことを、逆に書いてしまったものと思われる。

これによって一把稲慣行が明治時代になっても一部で続けられていたことがわかる。そうすると、旦那場（一把稲）は江戸時代より以前から存在し、江戸時代が終わってのち、明治時代にも存在していたことになる。

四　一把稲とは

それでは、そもそも信州で一般的に「一把稲」とよばれるものはどのようなものか。史料によって見ることにしよう。

先に見た慶長三年の海津領主からかわや物頭孫六へあてた文書の「門並み次第、籾子一升」「門並み次第、稲一把」も一把稲を示すものだったが、元文三年（一七三八）四月の岩村田藩「領内穢多取締触」の一節には、次のように記されている（『長野県史』近世史料編第二巻（二））。

一、穢多ども旦那場より、先々より一把取りと名付け稲貰い来たり候由に候ところ、その旦那場の者外へ田地売り渡し候えども、その田地をおい候て、他村までも罷り越し、ねだり申し候由、この段不届きに候間、以来先規の通り申し付くべく候

部落の人々が、旦那場から「一把取り」という名称で稲をもらっていたことがわかる。その田地が他村の者へ売却されると、その田地購入者へ一把稲を求めたというから、部落の人々が一把稲を自らの権利として重視していたこともわかる。もっとも、他村の田地購入者にまで一把稲を求めることは、ここで岩村田藩によって禁止されているが。なお、この史料では一把稲が田地についたもののように部落の人々に解釈されているが、一把稲は一般的には旦那場内の家についたもの（「門並み」）と解釈されていたと考えられる。

佐久郡田野口村牢守作右衛門から死牛を奪ったと訴えられた、同郡高野町村牢守忠右衛門の寛文三年（一六六三）四月付の返答書には、次の一節がある（『長野県史』近世史料編第二巻（一））。

一、川上の儀、作右衛門御旦那場にござ候を、作右衛門に断りも申さず、拙者取り申し候由、作右衛門申し上げ候、三拾五年以前巳年（寛永六年）、御縄入れ申す時分、岩波七郎右衛門様御縄御奉行にござなさせられ候につき、拙者ども屋敷所ならびに御扶持下され候ようにと御訴訟申し上げ候えば、屋敷所は御除き下され候、只今までは、何様に仕過ぎ候哉と御尋ねにござ候間、拙者ども申し上げ候は、前々より里筋は御百姓壱人にて、秋田にて稲壱把ずつ下され候、山方は雑穀を壱升ずつ下され候と申し上げ候えば、岩波七郎右衛門様仰せられ候は、前々の通りこの上はいよいよ右の通りに仕り候えと仰せ付けられ候につき、川上筋まで取り来たり申し

候ゆえ、川上筋より御巣鷹毎年上がり申し候、笠なども差し上げ申し候、殊に川上衆曲事仰せ付けられ、牢舎など成られ候にも、この方にて御番仕り候に、田野口村作右衛門は一円仕らず候御こと

忠右衛門によれば、寛永六年(一六二九)に検地奉行岩波七郎右衛門へ屋敷と「扶持」をくれるよう願い出たところ、屋敷は除地とされたという。そのさい岩波から、これまでどのようにして過ごしてきたかと問われたのに対し忠右衛門は、前々から「里筋」では「百姓一人」につき「稲一把ずつ」、「山方」では「雑穀を一升ずつ」もらってきたと答えている。これに対して岩波から、今後も「前々の通り」と仰せ付けられたというから、忠右衛門には「扶持」のように意識されていたかもしれないが、これも一把稲と見てよいと思われる。なお末尾には、先に見た御巣鷹の笠を上納していることや、牢番を務めていることが述べられている。このことも川上筋が忠右衛門の旦那場であったことを示していよう。したがって死牛は、作右衛門にではなく、忠右衛門に帰属したと推測される。

佐久郡加増村の部落では、明治四年(一八七一)のいわゆる解放令(賤民廃止令)を受けて差別とのたたかいが展開されるが、その渦中で旦那場を持っている者(十四、五人)と、持っていない者(「大勢組」三十四人)との対立が生じていた。そのさい旦那場を持っていない人々が、旦那場を持っている人々を批判した一節に、

弥右衛門・半右衛門ほかに十二、三人は、これまでの通り旦那場へ出入り致し居り、壱把稲貰い居り候ゆえ、何分にも三拾四人は廻り場持たざる者にござ候ところ、右廻り場持ちの者、すべて

御祭りにつき当時芝居・狂言などもござ候場所へ棒など持参にて参り候えば、何分にもこれまでの穢多名目のけ申さず

と記されている（尾崎一九八二、初出一九七一）。旦那場を持っていた人々が、賎民廃止令後も旦那場へ出入りし、「一把稲」をもらっていたこと、また棒などを持って祭りの場の警備の役割を担っていたことが知られる。これに対して旦那場を持たない人々が、廃止令後もそのようなことをしているから「穢多名目」がなくならないのだと批判している。

このように「一把稲」は、旦那場から「もらうもの」だった（「もらうもの」といっても、旦那場から施しのように与えられるものではなく、もらうべき理由があってもらったものと筆者は理解している）。これを部落の側からいえば、旦那場は「一把稲」をもらうことのできる範囲ということになる。

ただし、「一把稲」といっても、もらうものは稲だけに限らなかった。そのことを示しているのが、文政十一年（一八二八）十一月と推定される「孫七旦那場仕来りのこと」と題された留書である。松本藩領成相組成相新田町村の名主と問屋を世襲した藤森家の八代目当主新之丞が書き留めたもので、孫七は成相組の頭筋の「穢多」ということだから（もしかすると松本藩領に見られた「長吏組頭」かもしれない）、これによって孫七や、そのほかの被差別民の旦那場における「仕来り（慣行）」を知ることができる（塚田正朋一九八九）。

孫七旦那場仕来りのこと

一、夏大麦、秋籾、右村々家別に□（寄せ廻り）候こと
一、市役の儀、出し来たるの村々より、その所の産物仕来り通り寄せ廻り候こと
一、盆暮三度市の節、市役出さざる村々の者売々（買）致し候えば、右市売々（買）の節、市役として銭少々ずつ寄せ廻り□（候）こと
一、正月年礼旦那場廻りの節、穢多ならびに女房へ□　□寄せ廻り候こと
一、宮番非人の儀は、当町村家別（に）五節句の搗き餅貰い寄せ廻り候こと
一、同断非人へ、歳暮として銭三百文、役場より差し出し候こと
一、林番非人の儀は、林持主ならびに役人・頭立ち日（旦那カ）方へ、五節句等の節、搗き餅寄せ廻り候こと
一、宮番小屋諸普請など、村方にて家別（に）出銭□（致し候）こと
一、林番小屋普請の儀は、林持ちにて出銭致し候こと
一、穢多家普請の節は、旦家村々家別（に）出銭致し候こと

以上の一〇カ条だが、このうち一・二・三・四条と一〇条が「穢多」身分の孫七（とその妻）に関する仕来りになる（ほかは「宮番非人」「林番非人」に関する仕来り）。塚田の解説によれば、各条から次のことが知られる。

一条からは「夏大麦、秋籾」を旦那場村々の家ごとに徴収して廻ったことが知られる。塚田によれば、藤森家では「孫七に夏大麦三升、秋籾三升ずつ、女房には同一升ずつ出している」が、一把稲は「本来は、旦那場の村々では秋の刈り入れの際、家ごとに「えた」のために、一把分の稲を刈り残し

ておいたところから「一把稲」といわれた」という。なお、坂井康人の教示によれば、「一把」とは数本の稲藁の穂先と穂先を結びそれで稲を束ねたもの、とのことである。大人が両腕で円をつくったぐらいの大きさになる。

二条からは、市役として、「市で売買する者の村々から、その村の産物（あるいは金銭）を」徴収したことが知られる。三条からは、「月々の定期市（六斎市）でなく、歳末や盆にたつような特別な市（三度市）には、市役を払わない遠方の村からも売買にやってくる者があり、その場合に、市役として銭少々（市役銭）を徴収」したことが知られる。

四条からは、正月の年礼に旦那場を廻り、「穢多ならびに女房」が（籾を）徴収したことが知られる。右の藤森家では「孫七に籾二升、女房に同一升与え」た。また「この年始参りに「えた」は裏つき草履一足、女房はねりふし（不明）を持参している」という。

一〇条からは、「穢多」身分の人の家普請のさいには、旦那場村々の家ごとに「出銭」したことが知られる。

「孫七旦那場仕来りのこと」からは、孫七と旦那場との間に以上のような「仕来り」があったことが知られる。部落の人々は、秋の収穫時に旦那場の家々から門並みに供与される一把の稲（一把稲）だけでなく、「夏大麦」や正月のもらいものなど、旦那場からさまざまなものを供与されていた。これらも部落の人々が「寄せ廻る」ものとされていたことがわかる。ちなみに「寄せ廻る」という言葉からは、受け取るべくして受け取るべきものというニュアンスが感じられるように思われる。

五　部落の人々が旦那場で担ったこと

警備の役割など

それでは、なぜ部落の人々は旦那場から一把稲を与えられたのだろうか。そのわけは、部落の人々が旦那場において警備などの役割を担ったからだと考えられる。なかでも信州では、旦那場の警備の役割が大きなウエイトを占めていた。警備の役割にかかわる事例は多数知られているが、警備の役割に従事するために旦那場へ引っ越してくるようにと、部落の人々が旦那から招致された事例や、部落の人々の側から旦那へ引っ越したいと申し出て受け入れられた事例があるので、それを紹介することにしよう。

江戸時代中期の宝永四年（一七〇七）十月、佐久郡八重原村の開発人（黒沢嘉兵衛）の子孫と村役人は、小諸藩へ「上丸子村長吏彦八の八重原村への引っ越しを許可してほしい」と願い出ている。その願書で注目されるのは、引っ越しをしたいと先に言い出したのは「長吏」彦八だということである。つまり「長吏」が、自分から八重原村へ引っ越したいと言い出し、それが八重原村に受け入れられ、その結果八重原村から小諸藩へ願書が提出されたのだった。

では、なぜ彦八は八重原村への引っ越しを希望したのだろうか。推測だが、上丸子村は谷間の村である。他方、八重原村は八重原台地上の村である。また、彦八の旦那場である八重原村と周辺五カ村の旦那場には下之城村が含まれていたが、下之城村は八重原台地をはさんで、上丸子村とは反対側の谷間にある村である。そうすると彦八は、旦那場の警備などのために旦那場村々を巡回するさいには、谷間の上丸子村から出発して、八重原台地に登り、反対側の谷間へ下り、そこから再び八重原台地に登り、上丸子村へ帰らなければならなかったことになる。これは行程として大変である。そこで彦八は、旦那場である八重原村へ住むことを希望したのではないだろうか。そうなれば、八重原村から下之城村など五カ村の旦那場を巡回するだけでよいことになるからである。

他方、八重原村民も彦八を村に住まわせたいと願っているわけだが、それはどうしてだろうか。これも推測だが、信州の近世部落の人々は旦那場村々の警備をおもな役割としていた。そのために上丸子村の彦八が八重原村へ時々巡回してくるわけだが、それよりは彦八が村に居住しているほうが何かあった時に都合がよい、そう考えて彦八の引っ越しを受け入れることにしたのではないだろうか。

つまり、彦八と八重原村の双方の利害が一致したことから、右の願書が小諸藩へ提出されることになったと考えられる。そして、この願いが小諸藩によって許可されたことは確実である。なぜなら、右の願書のなかで提出するとされている「請負証文」が、八重原村の名主家文書として伝来しているからである（斎藤二〇〇五）。これは上丸子村の村役人から八重原村の黒沢家と村役人へあてて、彦八を八重原村へ住まわせてほしいと言ってきたもので、この「請負証文」が八重原村の名主家文書として伝来しているということは、実際に彦八が上丸子村から八重原村へ引っ越したことを示している。

もう一つ、この後明治初期まで八重原村に、彦八という「穢多」身分の人が代々居住していることも傍証となろう。彦八家は代々、八重原村の部落の頭を務めたと見られる。

以上から、彦八の八重原村への引っ越しは、彦八の側から希望し、八重原村がそれを受け入れたことによって実現されたといえる。それを可能にしたのは八重原村が彦八の旦那場で、旦那場の警備のためには旦那場に住んでいたほうが都合がよいという、彦八と八重原村との判断だといえる。このことから、基本的には当事者同士が合意すれば、「長吏」身分であっても他村へ引っ越すことができたことがわかる。なお、その居住地は小諸藩が指定したのではなく、当事者同士で選定したと思われる。

同じ宝永四年二月の佐久郡高野町村太兵衛の同郡五郎兵衛新田村への引っ越しも、太兵衛の側から希望したものと見られる。というのは、史料に「当村牢守与左衛門子太兵衛と申すもの、その御村（五郎兵衛新田村）へ参りたき由申し候」と記されているからである。そして、この場合も引っ越しの理由が、五郎兵衛新田村の警備のためであったことは、引っ越しにあたって太兵衛と父親の与左衛門が連名で五郎兵衛新田村へ提出した、次の証文から明らかである（斎藤一九八七）。

進上仕り候証文の事

一、拙者儀、御当地旦那衆中様の御慈悲にて、御当地に差し置かれ下され、忝《かたじけ》なく存じ奉り候、然るうえは慮外・我が儘・悪事仕出し申し候わば、所御払い遊ばされ候とも、一言の儀申すまじく候、さてまた、御所へ何様の悪事者・非人など、何にてもむずかしき者参り候わば、仰せ付けられ次第につかまつるべく候、後日のため手形、よってくだんのごとし

宝永四年亥の二月

高野町
太　兵　衛㊞
同所牢守
与左衛門㊞

三左衛門様

旦那衆中様

これによって太兵衛が、五郎兵衛新田村へ「何様の悪事者・非人など、何にてもむずかしき者」がやってきたときに、村人の命令に従って処理をする、いわば村の警備の役割を担うために引っ越したことがわかる。ということは、五郎兵衛新田村側も警備の役割を担う人が村に居住することを希望していたことになろう。

翌宝永五年八月には、佐久郡平原村から同郡沓沢村へも「穢多」身分の人々が引っ越している。田野口藩陣屋日記によれば、受け入れ村である沓沢村は藩へ、次の理由で引っ越しを許可してほしいと願い出たという（八月二十二日条）。

一、沓沢村名主・長百姓連判をもって願い出で候は、沓沢村の儀入江の村の儀にござ候ところ、只今までは穢多もこれなく、乞食・非人入り込み我がまま致し候節も難儀仕り候ところに、前々より佐久郡平原村穢多旦那場所にて参り来たり候佐平・小平と申すもの、古郷証文これを取り、村はなれに小家作り、差し置き申したき旨願い出で候につき、随分入念吟味のうえ、勝手次第差し置くよう申し付く、

沓沢村は「入江の村」（信州に海はないから、入江のように山へ入り込んだ村という意味であろう）で、これまでは警備の役割を担う「穢多」身分の人は住んでいなかった。しかし、それでは「乞食・非人が入り込みわがまま」をしたときに難儀をするので、これまで沓沢村を旦那場とし、警備の

ためにやってきていた平原村の佐平・小平の二人を、「村離れ」へ「小家」を作って住まわせたいと願い出て、許可されたことがわかる。これによれば沓沢村が、村の警備の役割を担う人を必要として、平原村の佐平・小平を招いたことになる。

これにともない沓沢村は、名主武左衛門の畑へ「小家」を作ることにしたが、その敷地にかかる年貢も「惣村《そうむら》」にて負担したいと、その翌日藩へ願い出て許可されている。このように沓沢村が、「小家」を作るだけでなく、敷地の年貢も村で負担したいと願い出たことについては、佐平・小平を招くために「優遇」したという見方、そうではなく佐平・小平は村に住まわせるだけで、「小家」も敷地も村のものだということを留保しておくためだったという見方、あるいはそのどちらでもあるという見方があり、どれかに決めることはできないが、佐平・小平からすれば、「小家」とはいえ住宅が用意されており、その敷地の年貢も払わなくてよかったことは事実である。これは沓沢村が、村に居住して警備の役割を担う人を必要としたことからとられた措置だった。とはいえ、じつは佐平・小平の側にも「兄弟大勢」なので、佐平・小平が沓沢村へ引っ越せば都合がよいという家庭事情があったのであるが（斎藤二〇〇五）。

ここでは、旦那場側が警備の役割を担う部落の人を必要とし、住宅まで準備して引っ越してきてもらったことが知られる。ただし、その住宅が「村離れ」に作られたところに差別が示されている。

右の三例によって、「長吏」「穢多」とよばれた人々が、自ら希望して他村へ引っ越すことができたことが明らかになったと思われる。それが可能だったのは、これらの人々が村々の警備の役割を担うものとして必要とされていたからだといえる。そのことを、もっとはっきり示している事例を最後に掲げる。幕末元治元年（一八六四）八月に、小県郡長窪新町と長窪古町の村役人がとりかわした「規定書」の冒頭には、次のように記されている（『長野県史』近世史料編第一巻（二））。

長窪新町穢多の儀、両長窪ならびに大門三ケ村持ち場にて、時々郷中見回り、それぞれ取締り致し候儀には候えども、古町にて枝郷など手離れおり候て、差し掛かりの用向きに差し支えの儀もこれあるにつき、このたび長窪新町へ無心申し入れ、穢多家一軒古町近くへしつらえ、穢多どものうち壱家内ずつ、拾ケ年季に居住致させ候筈相定め候につき、左のとおり、（以下略）

長窪新町の「穢多」身分の人々が、長窪新町・長窪古町・大門村の三カ村を持ち場（旦那場）にして取締りにあたっていたこと、したがって古町へは時々巡回してくるだけだったこと、しかし、それでは急ぎの用事に差し支えることがあるとして、古町では「穢多」身分の人の住宅を建てて、そこへ新町の「穢多」身分の人に十年季で住んでもらうことにしたことがわかる。幕末の世情騒然としたなかで、古町では警備役の「穢多」身分の人に常駐してもらいたいと考えたものと思われる。したがってこの引っ越し（この場合は一〇カ年の駐在だが）は、古町の要望にしたがっておこなわれたといえる。ただこの場合、なぜ完全に引っ越してしまわないで一〇年季の駐在にしたのか、古町の側がいやがったのか、部落の側がいやがったのか、その事情はわからない。

以上から、部落の人々が旦那場の警備、すなわちおもには外からやってくる「何様の悪事者・非人など、何にてもむずかしき者」あるいは「乞食・非人」などに対処するために必要とされていたことがわかる。

しかし、部落の人々が旦那場で担った役割はこれだけではなかった。では、ほかにどのようなものがあっただろうか。

尾崎行也が、小諸の城下町の部落の人々が担った役割をまとめているので、すでに見たものと重複するものもあるが見てみると（尾崎一九八二、初出一九六七）、見廻り（警備の役割）のほかに、「牢屋の番人」「御仕置（処刑）」「犯罪者の捜索」「与良町口板橋掃除」「村方祭場・催物等監視」「祭りの太鼓持」「火消し」をあげ、このほか「犯罪人の護送・牢舎人の世話・死人の取片付け等」にもかかわっていたと推定している。ここにあげられていることには、領主から課せられた役、小諸城下の部落であるという事情から生じた役割も含まれているが（「与良町口板橋掃除」「祭りの太鼓持」などはそうであろう）、それを除けばおおむねほかの部落でも担っていたことと考えられる。

このほか塚田があげているものに、市場の取締り、寺社などの掃除、さらには葬送、行き倒れ人の介抱・行き倒れ死人の処理などがある（塚田一九八六、初出一九八三）。このうち市場の取締りにかかわって「市役」とよばれるもの（市場銭・津料銭などともよばれる）を徴収していたことを塚田が指摘している。この市役徴収の権利は、市場を取り締まることから生じたと一般的には考えられているが、大熊哲雄は野州佐野の「長吏小頭」太郎兵衛が、佐野犬伏町の「市神祭り」を執行していたこと、すなわち市場において「呪術的役割」を担っていたことを指摘している（大熊一九九四、初出一九九〇）。元来は信州でも同様のことがあり、そこから市役徴収の権利が生じたのではないかと考えられる。

信州の部落の人々は寺社・城などの掃除（清め）にも従事したが、葬送においても一定の役割（おそらく呪術的役割）を担っていたと見られる。明和七年（一七七〇）十一月付の「宇山村町離（長吏）等無礼一件詫証文」によれば、部落の人々は葬儀のさいに、「御葬礼道具」などをもらう「権利」を認められているからである。ただし、右の証文では、部落の人々がおおぜいでもらいに行くことを禁止され、代表が一人でもらいに行くようにとされている（『長野県史』近世史料編第二巻（一））。

以上に見てきたことから、旦那場を斃牛馬処理の場・範囲とのみ考えたり、警備役の場・範囲とのみ考えることは、旦那場を狭く理解することになると思われる。信州の部落の人々が旦那場で担っていたことは、斃牛馬処理あるいは警備の役割だけでなく、右に見たようなさまざまな役割を含んでいた。そのような役割を担った場として旦那場を理解すべきだと思われる。なお、弾左衛門体制下では旦那場が、上場《うわば》（勧進をする場）と下場《したば》（斃牛馬処理をする場）に分化したようだが、信州では斃牛馬処理権と勧進権とが分化した形跡はほとんどない。史料的制約があるから断言はできないが明治時代まで旦那場は両者一体のものとして存続したように思われる。

斃牛馬処理

信州の近世部落の人々も、もちろん旦那場で斃牛馬処理に従事した。これはまちがいないが、その実態はあまり明らかになっていない。というのは、斃牛馬処理に関する史料がきわめて少ないからである。なぜ少ないかといえば、斃牛馬処理は部落の人々によっておこなわれたことだから、斃牛馬処理に関する史料は基本的には部落内で作成され、部落内に伝えられるものだが、その部落内史料が長野県ではほとんど伝来していないからである。このため領主側や村・町側に残されたわずかな史料から探るしかないことになる。このことが斃牛馬処理の実態解明が不十分な理由だといえる。

ここでは旦那場とかかわる斃死牛馬処理について、四つ見ておきたい。

一つめは、『東部町誌』歴史編下（一九九〇）が紹介している事例である。同書は、万治四年（一六六一）に、本海野村と中吉田村の部落の人々のあいだで「かわはぎ場」の境界を画定したことを紹介している。次のとおりである。

本海野には小十郎の同族とみられる小右衛門が残り、万治四年（一六六一）には中吉田村かわた市右衛門との間で、かわはぎ場の区域を協定している。小十郎の諏訪部移住に伴う変動であろうが、かわたが本来皮革業者であり、原皮確保のためかわはぎ場を所持していたことを示す貴重な記録でもある。

この記述のもとになった史料は『資料集　東部町の被差別部落』（一九八三）に収録されているが、「かわはぎ場」とよばれる「場」（旦那場と同意であろう）があったことが知られる点で、貴重な史料といえる。それを見ると、「かわはぎ場」の境界は、本海野村と中吉田村の村役人が立ち会って決定したことがわかる。おそらく部落の人々が村役人の立会を求めたものと思われる。なお、一言断っておくと、右の引用文では「かわた」は「本来皮革業者」とされているが、このように限定的にとらえないほうがよいと思われる。

『東部町誌』はもう一件、元禄九年（一六九六）に本海野村と中吉田村の部落の人々のあいだで大川河原に捨てられていた「落ち馬」の帰属をめぐる争いがあったことも紹介している。

元禄九年（一六九六）本海野と中吉田のかわた間で、かわはぎ場の帰属をめぐって紛争が起きた。この問題で本海野・中吉田両村の村役人らは、かわたを村内住人と理解し、紛争調停の労をとろうとしている。しかし、紛争の背後に部落内部の支配権をめぐる争いがあり、調停は失敗に終わった。本海野村役人らは、かわた頭小十郎の移住先諏訪部村庄屋に調停への協力を求めた。この段階からそれまで用いられていた「かわた」の呼称が「穢多」に変わり、また諏訪部村庄屋は「ゑた中《(仲)》間之儀ハ小十郎方にて諸事支配仕事に候、此儀拙者共かまい申儀にて無御座候」と返書して、部落は支配系列が村方とは別であり、自分たちとは関係のないことを伝えてきた。ここに、部落を町や村から切り離してゆく動きが見てとれる。

この記述のもとになった史料の一つも『資料集　東部町の被差別部落』に収録されているが、それには「今度落ち馬捨て所大川河原は境地にて、何方分とも知れ申さず」と記されている。したがって、その「落ち馬」の帰属をめぐって本海野村と中吉田村の部落の人々が争ったことになる。ここでも部落の人々が斃牛馬処理に従事していたことがわかる。また、その争いに関して諏訪部村庄屋が、「ゑた仲間」のことは上田藩の部落の頭である小十郎が「諸事支配仕（る）事に候」と述べ、この問題にかかわろうとしなかったことから、斃牛馬処理などは部落が仕切るものとされていたこともわかる。

二つめは、塚田が紹介している、文化十四年（一八一七）に内済となった、上田藩領東前山村の部落の人々と別所村の部落の人々との争いで、「主家筋」である東前山村の部落の人々が「家来筋」である別所村の部落の人々を訴えたものである。なぜ「家来筋」かというと、別所村の部落の先祖は、別所村からの要請にしたがって東前山村から「差し遣わした（派遣した）者」で、そのさい旦那場も東前山村の部落から渡したものだから、だという。

その訴状には、「私ども（の）被官の印に落ち物の儀は、私ども方にて取りしまい申し候御こと」「落ち物の儀は、私ども主・被官の印に古来より取り来り候ところ」などと記されている。つまり、東前山村の部落の人々は「主家筋」であり、別所村の部落の人々は「家来筋（被官筋）」である。そこで別所村の部落の人々へ旦那場は渡したが、「主家筋」であるしるしに「落ち物」（斃牛馬）は自分たち東前山村の部落の人々が処理してきたというのである。

この史料からは、部落にも「主家筋」「家来筋」があったこと、旦那場は譲られても、その旦那場における斃牛馬処理権は譲られなかった（持っていなかった）部落の人々がいたことがわかる（塚田一九八二、初出一九六一）。おそらく稀な例だとは思われるが、ここでは旦那場（勧進権）と斃牛馬処理権とが分離されている。もっとも、この分離と、「主・被官」関係は、別所村の部落の人々から東前山村の部落の人々へ三〇両支払うことで、このとき解消された。

三つめは、尾崎が紹介している、幕末慶応二年（一八六六）に起こった佐久郡加増村の部落の頭らと同村の小前の人々との抗争についてである。そこで尾崎が紹介している、小前の人々が提出した訴状に次の一カ条がある（尾崎一九八二、初出一九七〇）。

一、去る拾二、三ケ年以前、山浦村の内上ノ平村・久保村・西浦村・鴇久保村、右この村の儀は、先年望月仲間持ち来たり御旦中ござ候ところ、当時作右衛門右の旦中買い取り御旦那場に仕り候ところ、右の廻り場のところ落ち馬これあり候節は、町内小前一同見つけ徳に相成り候ところ、尤も場代として鳥目弐拾匹ずつ差し遣わし申し候、作右衛門古法相潰し、新法に見つけ徳には相成らず、只今は作右衛門私慾取り込み申し候、これらの儀は甚だ一同迷惑仕り候こと

望月宿の部落の人々の「廻り場」（旦那場）だった十二、三年前には（この時代には、望月宿の部

落の人々が共同で「旦那場」を所有していたと推測される)、「落ち馬」を見つけた人の「見つけ徳」になっていたのに(もっとも、旦那場の持ち主へ「場代」として鳥目二〇匹＝銭二〇〇文を払うことになっていたが)、小諸藩の部落の頭である加増村の作右衛門が旦那場を買い取ってからは、それが禁止され困っている、というのである。

それでは、この訴えの結果はどうなったか。小諸藩の「奉行代官等列席の上」で出された結論は、次のとおりである。

一、望月廻り場にて山浦村の内三、四ケ村、作右衛門十三、四年以前買い請け候ところ、先年作右衛門買い請けざる以前、望月の穢多持場にて落ち馬これあり候えば、銭弐百文差し出し見つけ候ものの徳にて相成りおり候ところ、作右衛門買い取り候より左様相成らず申し出で候ところ、この儀は外にも左様に振合もこれあり候につき、これはこれまで作右衛門買い取り候よりの振合にて宜しきと仰せつけられ候

小諸藩は、尾崎が述べているように「他に例があるとして作右衛門の落ち馬独占権を支持」したのである。もっとも、このことに関しては小前の人々の主張が退けられたが、ほかの三つの問題では小前の人々の主張が認められているから、抗争全体としては小前の人々にとってまずまず望ましい結果になったといえる。

それはともかく、これによって幕末においても部落の人々が斃牛馬処理にあたっていたことがわかる。また、「旦那場」が望月宿の部落の人々の集団的所有から、作右衛門の個人所有に変わったこと

によって、「見つけ徳」が否定されたこともわかる。「旦那場」は元来は部落の人々が集団として所有したが、その後次第に個人に分割され、個人の権利のように認識されるようになっていくと考えられる。ここでも、そうしたことが見られるように思われる。

なお、「見つけ徳」という慣行が幕末までおこなわれていたことから、この地方では斃牛馬が少なかったと推測される。いいかえれば、それほど経済的価値を生み出すものではなかったのではないだろうか。だから旦那場の持ち主が斃牛馬の所有権（落ち馬独占権）を強く主張しなかったのではないかと思われる。もっとも、他地域では斃牛馬が発見された場所をめぐって争いも起こっているから（というのは、だれの旦那場で斃牛馬が発見されたかによって、その斃牛馬の帰属が異なるから）、これについてはさらなる検討が必要だが、最近見いだした文化十一年（一八一四）の小諸の部落に関する史料にも「私ども御旦中落ち馬これ有り候ところ、先々より近所仲間ちらしに相取り候ところ」云々と記されていた。この「ちらし取り」がどういう慣行であったかはまだよくわからないが、「近所仲間ちらしに相取り」という表現からは、旦那場の持ち主が斃牛馬の所有権を強く主張しているようには見えない。「見つけ徳」「ちらし取り」という慣行からは、旦那場の持ち主が斃牛馬の所有権をあまり強く主張しなかったことがうかがわされる。

四つめは、青木孝寿（一九八〇）が明らかにした、安政五年（一八五八）八月の「伊那郡片桐村のうち片桐町および七久保両所の穢多と同郡北駒場村穢多とのあいだにおこった斃牛馬処理権の争い」である（この争いについては、樋口和雄（二〇〇一）も検討している）。それによれば、「斃牛馬があった場合、その村を管轄して番に当たる番人（番太）は、その馬を「拾馬」としている穢多に通告して、斃牛馬を拾い取らせており、穢多から番人に酒代金等を謝礼として出していたことがわかる」という。これによって、伊那地方では「番人（番太）」が関東における「非人」に類似した役割を果たしていたことがわかる。もっとも、ここでは「通告」するだけで、解体はしていないということだから、その点は関東の「非人」と異なる。

また青木は、安政二年（一八五五）の伊那郡野口村の「落革議定記録帳」も紹介しているが、その一カ条には「一、出入りの場所落ち革の儀は、先例の通り銘々自由に仕るべく候」とある。「出入りの場所」とは旦那場のことと考えられ、旦那場における斃牛馬処理は、そこを旦那場としている部落の人々が先例どおり自由にしてよいとされたことがわかる。このように青木によって、南信州においても部落の人々が斃牛馬処理をおこなっていたことが明らかにされた。

以上から、信州でも部落の人々が旦那場において斃牛馬の処理にあたっていたことは確実だが、旦那場の持ち主の斃牛馬所有権があまり強く主張されない地域もあったように見受けられる。とはいえ、その所有権が部落の人々のものであることに変わりはなかった。なお、このことから信州における旦那場は、部落の人々からすると斃牛馬処理の場というよりは、警備などの役割を担う場という意識のほうが強かったのではないかと考えられる。

六　旦那場（一把稲）の経済的価値

明治四年（一八七一）八月二十八日、太政官から「穢多・非人などの称廃せられ候条、自今身分・職業とも平民同様たるべきこと」とする布告が出された。いわゆる解放令（賤民廃止令）である。この廃止令に対する部落の人々の対応に、信州の部落の人々の主要な経済基盤が何であったかをうかがうことができる。

尾崎によれば、埴科郡坂木村の部落の人々は、廃止令が布告された翌月の九月二十六日に村役人へ、「昨夜仰せ渡され候儀、村方一同評議仕り候ところ、たとい穢多の名目御廃止相成り候とも、これまで通りの御取り扱いなし下されたく、なおまた一把取り・廻り役なども、これまたこれまで通り下し置かれたき趣」を願い出ている（尾崎一九八二、初出一九七一）。これによれば坂木村の部落の人々は、前夜に村役人から廃止令を知らされたことになる。

それが村役人からどのように知らされたかはわからないが、それを受けて協議した部落の人々は翌日、「たとえ穢多という呼称は廃止されたとしても、これまでどおりの取り扱いをしてほしい」と願い出たことになる。いいかえれば、部落の側から従来どおりの関係の継続を願ったことになる。廃止令が出されたというのに、これはどうしたことだろうか。

その理由は、右の引用文の後段の「一把取り・廻り役なども、これまたこれまで通り下」されたいというところに示されている。部落の人々は、旦那場の警備などの役割に従事して、旦那場から「一把取り（一把稲）」などとよばれる収入をえていた。廃止令を喜ばなかった部落の人はいないと思われるが、廃止令を受け入れることによって収入が断たれることを心配していたのである。

同年十月に佐久郡八重原村の部落の人々から出された次の歎願書には、そのことがはっきり示されている（斎藤二〇〇五）。

恐れながら口上書をもって歎願奉り候

一、今般穢多・非人称御廃（止）仰せ出だされ畏み奉り候、然るところ私ども儀は、先祖より格別の御厚恩をこうむり御当村に住居仕り、只今御平民同様の御取り扱いに相成り候ては妻子養育相成りがたく、一統悲歎仕り候、恐れながらこの段聞こし召しわけさせられ、従前の通り仰せつけられ下し置かれ候よう歎願奉り候、右願いの通り御聞き届けなしくだされ候上は、何様に仰せつけられ候とも、聊か違背仕るまじく、これにより一同連印書をもって願い上げ奉り候、以上

明治四辛未年十月

願い人

彦　八㊞

（以下、一〇名省略）

御支配様

御役所様

宛名の「御支配様」は、近世前期に八重原新田（八重原村）を開発した黒沢嘉兵衛の子孫をさす。黒沢家がいつから「御支配様」とよばれるようになったかはわからないが、代々こうよばれ、村役人より上位に位していた。「御役所様」は、村役所をさす。

差出人の彦八は、先に見た上丸子村から引っ越してきた彦八の子孫である。また、明治四年の八重原村の部落は一一軒だったから、これは部落全戸をあげて村首脳へ願い出たものといえる。なお、彦八の判が押されたこの歎願書が名主家文書として伝来していることから、実際に村へ提出されたものであることもわかる。

それではここで何を願い出たか。本文冒頭には「今般穢多・非人称御廃（止）仰せ出され畏み奉り

候」と記されている。この「穢多・非人称御廃止」が、廃止令をさすことはいうまでもないであろう。なお、このことから廃止令が、これ以前に八重原村の部落の人々へ伝えられていたこともわかる。ついでにいえば、廃止令はおおむね九月中旬から下旬には信州の村々へ通達されている。

この歎願書は、その廃止令を受けて願い出たものだが、ここには坂木村の部落の人々が心配していたことがはっきりと記されている。すなわち、「いま平民同様に取り扱われては、妻子を養育することができないと、一統悲嘆にくれている」というのである。いいかえれば、いま「平民同様」とされ、旦那場からえていた収入を断たれたら生活できないというのである。だから、「従前のとおり取り扱ってほしい」と願い出たのである。

坂木村・八重原村の部落の人々は、廃止令をとるか、生活をとるかの選択を迫られ、生活を選択した（せざるをえなかった）といえよう。このことから両村の部落の人々の生活の重要な基盤が旦那場からえられる収入にあったことがうかがえる。

坂木村・八重原村の部落と同じように、生活を選択した部落はほかにもあったが、それらを見ると、その背景には村からの圧力があったと考えられる。いや坂木村の部落の場合も、前日の夜に廃止令を伝えられ、すぐその翌日に右のように願い出ていることから見て、村が廃止令を伝えるさいに、廃止令を受け入れるなら「一把稲」は与えないというような「圧力」をかけたのではないかと推測される。そういわれたら、「一把稲」に依存して生活していた部落の人々は、生活に困ることになる。そこで右のような願いを出さざるをえなかったのではないだろうか。

いま、坂木村の村役人が「圧力」をかけたのではないかと推測したが、この推測については佐久郡小平村の名主吉沢吉利の日誌簿に記されている次の記事が、一つの裏付けになろう。小平村では、明治五年（一八七二）正月十八日に村役人が会合し、その席で「穢多の儀これまで通り勤め候わば稲一把ずつ遣わすべし、平民同様の積もりに候わば、呉れ遣わすに及ばず」と決定した。そして、翌日このことを部落の頭へ伝えている。ここでははっきりと、「これまで通り勤めれば稲たば（一把稲）を与えるが、平民同様のつもりならば一把稲は与えない」と言い渡されている。これに対して部落の頭はその場で、これまでどおり勤めると返事をして退出するが、その後戻ってきて、右の返事を撤回し、世間のようすを見て決めたいので、返事を待ってほしいと願っている（『望月の町民の歴史』第一〇集）。

同様のことは、松代でも見られた。塚田が、郷土史家であった故大平喜間多からの伝聞として紹介しているものだが、松代県下のある村で「「えた」の身分から解放されたと、祝杯をあげてよろこぶ「部落」のひとびとにむかって、その宴にまねかれた村の有力者が」「このさい、これまでの「旦那廻り」も一切やめてもらいたい」と告げた。これを聞いた部落の人々は、「身分はもとどおりで結構だから、「旦那廻り」だけは、まえまえどおりにしておいていただきたい」と、「哀訴」におよんだという（塚田一九八六、初出一九六二）。

ここで紹介されている故大平喜間多の話の元になった史料は、松代藩重臣片岡志道の『見聞録』（長野市真田宝物館蔵）に記されている町川田村の事例であろうと、樋口和雄が教えてくれた。そのうえ樋口は、その読み下し文も送ってくれた。その最初のところには「町川田村の穢多は、村民に入りたるとて、名主元へ参り、一村の人を招きたき旨案内を申し入れたり」と記されている。部落の人々が、自分たちも同じ「村民」になったので、村民を招きたいと申し入れたことがわかる。

ところが、村民には「誰れあって行く者」がなかった。そこで「鬮《くじ》取り」をして、鬮にあたった一人が代表として行った。そして迎えてくれた部落の人々へ「このたび平民となりたる上は、互いの事なり。よって、従来村中より遣わし来たりたるすべての物は、いっさい与えざるなり」と言い放った。同じ平民となったからには「一把稲」などは今後「いっさい与えない」というのである。

これを聞いた部落の人々は「はじめ無言」で、ついで「台所などへ寄り集まり」相談したのち、「まず今日は御引き取りくだされたき旨、申し述べた」ので、代表は早々に引き取った、という。

では、この結末はどうなったか。「翌朝、（部落の人々が）別に詫びて、万端これまで通りに願いたてまつりたき旨を言いたる由」と最後に記されている。部落の人々が村民に全面屈服したことがわかる。これは、樋口がいうように、先の故大平喜間多の話と酷似している。おそらく故大平喜間多の話の元になった史料と思われる。

このように、廃止令を喜ばない村（村役人）が、「一把稲」による収入と、「平民同様」とをはかりにかけて、部落の人々へどちらを選択するか迫った。そのように迫られたら、小規模散在型で、多くが「一把稲」に依存して生活していた信州の部落の人々は、とりあえずは生活を選択せざるをえなかったのではないだろうか。右に見た八重原村の部落の人々の歎願書も、じつはこうした圧力のもとで作成されたのではないかと推測される。歎願書の「いま急に平民同様に扱われては、妻子を養育することができない」という文言に、そのことが示されているように思われる。

これらの事例から信州では、旦那場から与えられる一把稲が、部落の人々の生活をささえるものであったことがうかがわれる。そのため、廃止令が出されたからといって、ただちに旦那場廻りを止めたら、生活に困ることになったと思われる。それゆえ、先に見たように明治八年にいたっても旦那場廻りをしている人々がいたのであろう。もちろん、そのことを批判した投書者・高橋重勝のような人もいたし、廃止令を根拠に差別とのたたかいを進めた部落の人々もいた。しかし、そうした人々は少なかったと思われる。なぜなら、信州の近世部落は小規模散在型で、旦那場である村や町から与えられる一把稲への依存度が大きかったからである。

七　旦那場の仕切り

旦那場は部落が仕切った

それでは旦那場は、誰が仕切ったのだろうか。前圭一（一九七六）や臼井寿光（一九八四）は、旦那場の範囲は「かわた」身分の人々が自分たちで決めたとしている。藤沢靖介も、

旦那場・職場・草場の境界をめぐる争いは、長吏・かわた集団の内部で解決され、領主権力も、本村（百姓）も牛馬の飼い主も介入できなかった。一言で表現すれば、斃牛馬処理は長吏の仕切りの下でそのすべてが運ばれたのである。

としている（藤沢二〇〇一）。ここでは斃牛馬処理を中心に述べられているが、旦那場を仕切るのが部落であったことは関西も関東も共通している。この点は信州も同様だったと思われる。

たとえば、天明八年（一七八八）十二月に、佐久郡八重原村長吏七之助倅七蔵とその親類から、同郡下之城村名主・惣役人・惣旦那へあてた、借金にあたってのいわば誓約書からそれが知られる（斎

藤二〇〇五）。すなわち、旦那場は質入れも請け戻しも、部落同士でおこなっていたこと、つまり部落が仕切っていたことが知られる。なお、その請け戻し金を旦那場である下之城村が七蔵へ貸していること、さらにその借金返済のために無尽を開催するとしていることからは、下之城村が旦那場を質に取った小諸の常七よりも七蔵を旦那場の所有者として望んでいたことがうかがわれる。それにもかかわらず、下之城村が請け戻しに直接関与せず、七蔵へ金を貸すことによって請け戻させていることからも、旦那場は部落の仕切るものであり、旦那は所有権の移動に直接は介入できなかったといえよう。

このように、旦那場の質入れ・請け戻しは部落同士でおこなわれていた。信州では近世を通じて旦那場が部落外へ質入れされることはなかったと思われる。いいかえれば、旦那場の個々の所有者が変わることはあっても、旦那場そのものは一貫して部落の所有であった。このことから旦那場は、信州でも部落が仕切るものだったといってよいであろう。

ただ、旦那場の仕切りに関して臼井寿光は、「その処理権域内で皮多の誰がどのような関わりをするかも皮多村内の決定にかかる事柄であって、どのような意味でも平人はこれの決定過程に権限を有しない」と述べているが（臼井一九八四）、「どのような意味でも」平人がかかわらなかったかどうかは検討の余地があろう。というのは、信州には誰の旦那場とするかということに、旦那の意向も働いていたと見られる史料があるからである。このことから、基本的には部落が誰の旦那場とするか決定したとしても、旦那の意向をまったく無視することはできなかったのではないかと思われる。

大熊哲雄は、「百姓や領主の力でもって、旦那場の所有者を変えようとする動き」があり、明和七年（一七七〇）に上州吾妻郡内で実際それが実行されたことを紹介している（大熊一九九六）。また尾崎は、慶応三年（一八六七）三月の記録に、死亡した宗八の名跡として宗八の旦那場を継承した者が、旦那場である佐久郡布下村を訪問し、「これまでの通り何分御願い申し上げ奉り候と申」したとあること、いわばあいさつに行ったことをあげ、「村方にも相当強力な発言権があ」ったと指摘している（尾崎一九八三、初出一九六七）。この二つの事例は、旦那にも旦那場に介入する力があったことを示している。もっとも、部落と旦那との関係が近世を通じて変化したことも考慮する必要があるかもしれない。

旦那場の規模

旦那場は、たとえば川や尾根などを境界として区切られた一定の範囲だった（それを絵図面にしたものもある）。これが、旦那場の元々の区切り方だったと考えられる。しかし近世には、何村は誰の旦那場というように村名で表示されているものもある。これは旦那場において、村が占めるウエイトが大きくなってきたことを示しているのではないかと思われる。

他国には、数十カ村とか、なかには数百カ村という大きな旦那場があるようだが、近世の信州にはそのような大きな旦那場はほとんどない。飯山藩と中野天領の部落の人々の旦那場を検討した樋口和雄（二〇〇四）によれば、一村から数カ村という旦那場が多い。が、なかには十数カ村、さらには三十カ村に近い町村を旦那場としている部落もある。しかし、その数は少ないという。

東信地方では先に見たように、上丸子村の長吏彦八は八重原村ほか五カ村を旦那場としていた。長窪新町の部落の人々は、長窪新町・長窪古町・大門村の三カ村を旦那場としていた。これらのことから信州では、一村から数カ村を旦那場とする部落が多かったと思われる。ただし、これは相続や売買によって次第に分割された結果であって（先に見た引っ越しの場合も、旦那場が分割されたと考えられる）、元々の旦那場はもっと広かったのではないかと推測される。

このように近世には旦那場を村で示すものが多いが、信州には旦那場を軒数で表示したり、石高で表示したものがある。まず、軒数で表示した事例を紹介しよう。寛政十二年（一八〇〇）九月十日付の「高井郡高井野村穢多旦那場軒数書上」には、次のように記されている（『長野県史』近世史料編第七巻（二））。

恐れながら御尋ねにつき書き上げ奉り候

一、御旦家九拾弐間（軒）
　内
　七拾軒　久保組にて
　弐拾二軒　堀之内組にて

一、御旦家百四軒
　内
　弐拾四軒　堀之内組
　八拾軒　（水沢組
　　　　　中善組にて）

穢多
彦　市㊞

久次郎こと
幸右衛門㊞

一、御旦家三拾六軒　　　　　　　　　　　金三郎印

　内

　　弐拾壱軒　新井原組

　　拾五軒　二ツ石組

外に当時買い入れ

一、御旦家拾七軒　下赤和組　　同人印

同断

一、同　拾五軒　上赤（和脱カ）組　　同人印

小以六拾八軒

一、御旦家弐拾八軒　新井原組にて　　五右衛門印

一、同断　弐拾四軒　上赤和組にて　　庄吉印

一、同　三拾八軒　新井原組にて　　弥右衛門印

一、同　四拾弐軒　　団六印

　内

　　拾七軒　新井原組にて

　　弐拾五軒　黒部村にて

一、御旦家三拾七軒　紫組にて　　宗吉印

同人悴別家

一、同断　弐拾壱軒　紫組にて　　吉左衛門印

一、同断　三拾四軒　下赤和組にて　孫右衛門㊞
一、同断　弐拾七軒　　　　　　　　権　作㊞
　　　　　内
　　　拾八軒　千本松組にて
　　　九軒　四ツ屋にて
右はこのたび私ども御旦家軒数御尋ねにつき、書き上げ奉り候ところ、少しも相違ござなく候、以上

　寛政十二年申九月十日

　御役元様

「御役元様」は高井野村の役人かと思われるが、その「御役元様」から「御旦家軒数」を尋ねられた部落の人々が書き上げたもので、右のように各人の旦那場が軒数で表示されている。そのうちには「外に当時買い入れ」とあることから、購入した旦那場（旦家）があったことも知られる。また、別家によって旦那場が分割されたことも推測される。

もう一つ、安永五年（一七七六）に更級郡塩崎村の角間部落から松伏川除新堤の番人として松伏地籍へ引っ越した弥次兵衛が、そのことを後代のために書き残した文書の一節には、次のように記されている（塚田一九八六、初出一九六四）。

場面覚

一上御領分堺　　旦中　百軒程
　下釜科迄

ここでも「旦中」（旦那場）が百軒ほどと軒数で表示されている。

以上のほか、旦那場の売買のさいに軒数で表示したものもある。『小布施町における被差別部落の歴史と民俗』（一九九四）には、「中条村に文久二年（一八六二）の「前々ヨリ諸奉加覚帳」という帳面がある。そのなかに、えた旦那場の売買の記事がある」として、次のように述べている。

　当村えた又蔵の先祖が先年、雁田のえた平蔵方へ自分の旦那場を質流ししたので慶応二年（一八六六）に金二両二分で半分受け返した。字畠中全部と字中村まで合計一〇軒である。そのほかに中村の残りと字町村合計一〇軒ある。それを翌年金五両で受け返したが、金二両は又蔵が出し、三両は村中で出した。念のために書き記しておく。

質入れ・受け返しのさいに、旦那場が軒数で表示されている。

次に、旦那場を石高で表示した事例であるが、元治元年（一八六四）十一月付の「水内郡北長池村穢多檀（旦）那場永代売渡証文」で、次のとおりである（『長野県史』近世史料編第七巻（二））。

　　永代売り渡し申す御檀家の事

一、北堀村御檀家様　但し　御高三百五拾壱石九斗四升四合

右は我等所持の御檀那場にこれあり候ところ、このたび代金拾九両にて貴殿へ売り渡し、金子たしかに受け取り申すところ実正なり、然る上は以来御高がかりの御牢番役は申すに及ばず、諸役貴殿方にて相勤めならるべく候、右御檀家につき横合よりかれこれ難渋申す者ござ候わば、我等何方までも罷り出できっと埒明け、貴殿へ少しも御苦労かけ申すまじく候、これによって加判致し後証となす、よってくだんの如し

北長池村
売主
弥　作㊞

同　村
受け人
栄　吉㊞

同　村
親　類
今朝五郎㊞

元治元子年
十一月

南堀村
買い主
七　三　郎殿

旦那場の売り渡しにあたって、旦那場が石高で表示されている。ただし、石高で表示された史料は、いまのところこの一点しか見いだしていない。

このように旦那場が、軒数や石高で表示されているが、これはどのように考えたらよいだろうか。これまで見てきたように信州の部落の場合、一把稲による収入に依存する度合いが大きかった。その場合、軒数や石高のほうが、旦那場の規模が表示しやすかったからではないだろうか。すなわち、一把稲は軒並み供与されるものだったから、軒数がわかればそこからえられる一把稲の量もおよその見当がつくはずである。石高表示も同様で、石高がわかればそこからどのくらいの一把稲がえられるか見当がついたと思われる。ちなみに、寺の規模（大寺・小寺）も檀家数によっておよそ見当がつくと聞いたことがある。これと同様のことではないだろうか。

では、なぜ軒数や石高の表示が用いられたのだろうか。右にあげた事例に、旦那場の売買・質入れが多かったことから、その理由が推測できる。すなわち、旦那場の売買・質入れにあたっては、その規模を正確に表示する必要があったからではないだろうか。そうだとすれば、相続のさいにも軒数・石高表示が用いられたと思われる。

ちなみに、旦那場が売買・質入れの対象とされたことは、前述したようにすでに尾崎が指摘しており、右の『小布施町における被差別部落の歴史と民俗』にも述べられていたが、『佐久市志』（一九九二）にも一例紹介されている。次のとおりである。

この旦那場は売買の対象にもなった。天保六年（一八三五）に中村の彦十は借金返済のため、旦那場を他のえたに質入れしたところ、この請けだしができず困却したため、やむなく村から六両を用立ててもらい、ようやく旦那場を取り戻している。

このように旦那場が売買・質入れされるようになったことから、その規模を正確に表すために、軒数や石高で表示されるようになったのではないかと推測される。村には、大きな村もあれば、小さな村もあって、村名だけでは旦那場の規模が示されないからである。

八　旦那場（一把稲）はどこから

それでは、旦那場はどのような経過で形成されたのだろうか。旦那場住民は、軒並み一把稲を供与することにどうして同意したのだろうか。

このことを考えるうえで、井原今朝男の「中世東国における非人と民間儀礼」（一九九六、初出一九八七）が注目される。そこで井原は、「少なくとも室町時代にはすでに諏訪社祭礼の用途を、「四把稲」とか「一升米」などと称して、郷村から徴収する慣行が存在し、それが「田役」と競合しあい文明年間以後衰退し、祭礼も中絶していたこと、そうした慣行が、武田信玄の祭礼再興とともに再び社会的政治的に再編成され復活してきたことは明らかであろう」と述べている。また、天正四年（一五七六）に武田勝頼が佐久龍雲寺に発した文書に「二把役」とあることをあげ、「武田氏の領国内に「二把役」が存在していたことは明らかである」とも述べている。さらに、「一把、二把と数えられる「役」の存在は、関東の後北条氏領でも「三把　役綿」（斎藤文書・『埼玉県史資料編六』・七三八号）と見え、武田領国にのみ固有なものではない」と指摘している。そのうえで、天明七年（一七八七）の

「善光寺穢多御詮（議）儀覚」に「善光寺川原崎穢多どもの儀は、御領分村方の内、三把稲と号し、毎年田畑沖崎にて束稲取」とあることをあげ、こうしたことは「近世部落史における「壱把稲」「三把役」「壱升米」などを考える際、無視しえない事実と言えよう」と指摘している。

それだけでなく、戦国期の祭礼に「諏訪郡の長吏」が現れ、「神使の食物を負担した」こと、「御狩神事でも長吏らが参加している」ことも指摘している。この「諏訪郡の長吏」が「近世部落の長吏と同一か否かを判断するには、あまりに史料が少なすぎる」と、近世部落の「長吏」との関連については判断を保留しているが、井原によって明らかにされたこれらの事実は、旦那場（一把稲）について考えるうえでも重要である。

しかし、信州の近世以前の「長吏」に関する本格的な研究は、この井原の研究しかなく、これ以上のことはいまわからない。したがって、旦那場（一把稲）に関しても不明というしかないが、信州における旦那場（一把稲）の形成も近世以前にさかのぼること、いいかえれば旦那場（一把稲）は近世の政治権力が設定したものではないこと、一把稲が供与されることになった背景には「長吏」と寺社との深いかかわりがあったこと、を想定することは許されるであろう。

このことから「長吏」は旦那場において、旦那とは異なる分野（おそらくは宗教的・呪術的分野）・異なるやり方で、旦那場をささえてきたといえるのではないだろうか。いいかえれば「長吏」も地域社会の一員として、社会的分業の一翼を担っており、それによって地域の再生産が可能になっている（「穢れ」が払われ、治安が維持され、米・麦が収穫されるなど）、そういう了解があって一把稲が供与されることになったのではないだろうか。そうでなければ、旦那が軒並み異議なく、江戸時代以前から明治時代にいたるまでの数百年にもわたって一把稲を供与し続けた事実は説明できないと思われる。少なくとも一把稲が、旦那から一方的に施しとして与えられたものでもなければ、近世の政治権力による強制によって与えられたものでもないことは明らかだと思われる。あえていえば筆者は、一把稲とは人々が収穫に感謝して神仏にささげた、初穂のようなものではなかったかと考えている。

本稿は、先に筆者が発表した「信州の近世部落の旦那場」（『解放研究』第一七号、東日本部落解放研究所、二〇〇四）および『被差別部落の生活』（同成社、二〇〇五）をもとに、その後見いだした史料を加えて再構成したものである。そのため前著と重複しているところがあることをおことわりしておく。

第三章　北関東の地域社会における警備活動
――旦那場から見えること――

坂井康人

一　勧進と旦那場・勧進場

かつて部落差別の歴史を語る際に、長吏・「非人」が「下級警察的」な仕事や牢番や行刑の仕事をしたということがよく言われた。しかしそこでは、何故そうなのか、ということが問われなかった。問われなかったのは、斃牛馬処理と同様、「人の嫌がる仕事」をさせられたから問うまでもない、という前提があったためである。

ここでは、その前提を問い、長吏・「非人」の警備活動の意味を明らかにしたい。長吏・「非人」の旦那場・勧進場に注目することによって、政治権力、町・村と被差別民の関係、民間宗教者・芸能民などと被差別民の関係を具体的に明らかにできると、筆者は考えるからである。

近世社会では、長吏・「非人」以外でも、民間宗教者、芸能民などが旦那場・勧進場を持っていた。さらに北関東では、虚無僧、浪人などが活発に活動し、旦那場の派生態が成立していた。一方民間宗教者・芸能民などが村や町に入ろうとする時、地域社会（個々の村や町）から何らかの規制が働いた。

その規制行使＝警備を現実的に担ったのが、長吏・「非人」であり、規制をしようとしたのは、百姓・町人側である。

何故、長吏・「非人」が警備を担うことができたのだろうか。結論的にいえば、筆者は、その根拠は旦那場・勧進場の成立にあると思う。旦那場・勧進場が地域社会と長吏・「非人」の間に成立したからこそ、長吏・「非人」は地域社会を背景にして、警備が可能になったと考える。その上でその警備の役割が、政治権力（幕府・藩）によって、捕り物、牢番・行刑などに利用されていったと考える。

なお、ここでは、「下級警察的」な仕事といわずに、警備という言葉を使うことにする。「下級警察的」な仕事という言葉については、すでに尾崎行也が村々に警察機構はなかったと述べている（尾崎二〇〇〇）。このことは、結果的には「下級警察的」な仕事という位置づけ自体に疑問を提起している、ということになる。「警察」とすると、一般的には身分を越えて百姓・町人にまで長吏・「非人」による捕縛が可能となるが、事実は違っていた。

旦那場・勧進場・乞場は、勧進、布施・旦那という宗教的な言葉と関連している。さらにこれらの言葉は、贈与経済の論理に深く根ざしている。そのため、これらの言葉を集団と集団の贈与関係、個人と集団の贈与関係、人間と神仏の贈与関係として、再検討することが求められる（坂井二〇〇六）。

旦那場・勧進場が成り立つためには、人々の神仏への信仰心が必要である。町・村が長吏に旦那場・勧進場を承認する場合、神仏への媒介者という認識が必要である。長吏に町・村と神仏を媒介する役割が期待されるとすれば、それは警備や斃牛馬処理の仕事においてである。警備の対象を余所者だけでなく悪霊的なもの（たとえば疱瘡神など）を含めて考えれば、長吏が神仏の力を借りることのできる呪術的・宗教的な存在と思われたからである。古代末期宮中の警備をした滝口の武士の主な仕事は、実は邪を払うための鳴弦であった。斃牛馬処理を斃牛馬の葬送を含めた役割と考えれば、同様に長吏を神仏との媒介者と捉えることができる。そのような意味でいえば、長吏は境界領域に立つ存在とみなされた。

かつて峯岸賢太郎は、旦那場・勧進場について「所有論的視角からは、勧進の持つ宗教的性格はその外皮と位置づけられねばならない」と述べたことがある（峯岸一九九六）。しかし勧進から宗教的性格を排除したとき、そこには、市場経済的な論理しか残らなくなる。

百姓が斃牛馬を「捨場」に置く行為は、市場経済的論理からみると、「捨てる」という意味でしか解釈できない。しかし、斃牛馬は、百姓側にとって「捨てる」にはあまりに惜しい財であり、市場経済の論理からいえば、現実的にはその財を「捨てる」ということはありえないのである。では、何故百姓は斃牛馬を「捨場」に置くのか。宗教的行為、あるいは贈与というしかない。また斃牛馬処理をする側からいえば、斃牛馬を単に「拾う」わけではない。両者の関係は、勧進・布施という関係、あるいは贈与関係として捉えて、はじめて明らかにできる。

説経節『をぐり』は、被差別民と旦那の関係を示す適切な史料である。地獄から蘇った小栗判官は、言葉を失い、歩く力も失った「餓鬼阿弥」という姿になった。閻魔大王の指示で熊野本宮の湯を目指すため、藤沢の上人の弟子に預けられ、土車に乗せられた。「この者一引き引いたは千僧供養、二引き引いたは万僧供養」という上人の書き添えが土車に付けられた。この土車を引いてくれる人々を、『をぐり』は「檀那」と表現している。

なお、「捨場」には、墓場という意味がある。たとえば、江戸大塚坂下町には、「儒者棄場」と呼ばれた儒者たちの墓がある（種村二〇〇六）。実際は儒教の儒葬ではなく、道教の道葬であり、「その様、屍骸を棄て、帰るが如きを以てす」（大町桂月『東京遊行記』）という。道葬を見慣れぬ者が見れば、「棄てる」ようにしか見えなかったための名称と思われる。

しかし、はじめ宗教的な意味を濃厚に持っていた勧進という言葉は、世俗化が進む近世では、布施する側には「ねたり」「ねたりヶ間敷」行為という意識を一部伴うようになっていった。五木の子守歌の一節「おどま　かんじん　かんじん」にみられるように、勧進が「物貰い」という意味を一部もつようになったのである。

江戸中期から幕府の法令に「ねたりヶ間敷《ましき》」という文言が頻出するようになる。本来の勧進という宗教性の意味が薄れ（なくなるわけではない。宗教性のない勧進はありえない）、生活扶助を求める勧進・合力という意味が大きくなってきた時、百姓・町人および権力者は勧進を「ねたりヶ間敷」行為と決めつけるようになったのである。

二　長吏・「非人」の警備の役割

民間宗教者・芸能民の勧進場・留場、および浪人の仕切場

十七世紀後半の時期には、多くの勧進で生活をたてている人々が定着しつつあり、自分の在所からそれぞれが旦那場・勧進場の町・村へ出かけて勧進を行っていた。

たとえば、元禄八年（一六九五）「宇都宮志料」（栃木県史編纂委員会一九七四）には、宇都宮町に定着していた勧進で生活をしていた人々が記載されている。

元禄八年乙亥三月宗旨改
人高九千七百四十四人　当町分
内男五千二百五十四人（略）
内女四千四百九十人（略）
その内、男　出家四五人　薦僧一人　法体一五人　山伏一九人　道心三人　聖四人　座頭九人
行人一人
女　尼二七人　神子一五人　懸神子一四人　盲女七人

とあり、町人とは別な存在として数えられている。彼らも職分、旦那場・勧進場、留場を持っていた。またその信仰・生活基盤をめぐり、町の外部・内部の勧進生活者と争いを起こしていた。浪人も、合力を求めて村々を訪れ、村々とトラブルを起こしていた。下野《しもつけ》の国では、そのような浪人を排除するため、浪人集団と村々が仕切場をつくる場合もあった。

浪人集団の仕切場はいうまでもないが、薦僧すなわち虚無僧の留場も、本来の勧進場とは同じものとは言い難い。しかし排他的な権益を村・町との間に築きあげたという意味では、本来の勧進場の派生形態と考えられる。

(1)　同じ職分の者の旦那場・勧進場

座頭・修験神子の勧進場の史料は、多く見かけるのでここでは割愛し、虚無僧の留場、浪人の仕切場の史料をみることにしたい。まず虚無僧の留場の史料を掲げる。

書付をもって願い奉り候

一、近年村方困窮ならびに種々の御僧お出で成られ候につき、小前の者ども難渋に及び申し候あいだ、なにとぞ御留場なし下され、御用御宗門は格別、その外の御修業止宿など御差し止め下さる様願い奉り候、然る上は年々雑用のため壱軒に付籾壱舛小麦壱舛宛差し上げ申すべく候、この段お聞済ませ御留場に成し下され候はば恭く仕合に存じ奉り候、

右の段願い奉り候以上

享和元年酉ノ二月

下平出村

名主　太郎左衛門

（中略）

松岩寺　御役僧衆中

（『宇都宮市史』一九八一）

右の史料では、まず村方からの願いがあって、寺方がそれに応じて留場《とめば》を設定するという形をとっている。留場とは、この場合村を訪れる虚無僧が数多いため、村側が年に一定量の穀物などを渡す代わりに、必要以外は村に合力や宿泊を求めて入ってこないよう虚無僧寺側が虚無僧を取り締まる、その領域のことである。さらに、その留場を持たない虚無僧が村方に来た場合は、寺側が排除するという意味も含まれている。虚無僧寺にも、地域的な本寺の寺と末寺があった。松岩寺（宇都宮城下曲師町）は、梅士派本寺として、正安寺（壬生町）、普門寺（祖母井）、梅川寺（茂木町）を支配した。北

関東では、このような史料が多く見られる。

次に浪人の仕切場についての史料をみる。浪人が仕切場を持つとは、浪人集団が村々と契約を結んで、他の浪人がこれらの村々に合力を求めて入ることを排除し、その代わり浪人集団が村々から一定の米銭を受け取るということである。ここには、宗教的な勧進・布施という関係はない。

下野国では、文政九年（一八二六）年から天保十三年（一八四二）年までに浪人が仕切場をつくった例が二三あるという（川田一九九四）。

文政十三年（一八三〇）絹坂村（秋田藩領）が、浪人と村の仕切契約を結んだ史料を次に示す（『南河内町史』一九九二）。絹坂村は、一番長期間浪人たちと仕切契約を結んでいた。

取りかわし申すため一札のこと
一、その御村方困窮の故、止宿ならびに足料等御取りと御難渋につき、浪士立入申さざる様内々拙者どもへ御頼みこれあり、これによって一統申し合わせの上御世話に相なり申さざる様取り極め申す、よって件のごとし
文政十三歳
寅四月
（以下浪人氏名）

浪人たちを取り締まるべきなのは、幕府や藩であるはずだが、その取り締まるべき機関が設置されていないか、あっても有効に働いていないのである。この地の村々と長吏・「非人」の関係はよくわからないが、おそらく合力を求めて来る浪人を排除できる程の、長吏・「非人」の警備のシステムを

つくりえなかったのではなかろうか。合力を求めて廻村する浪人取締りのために、幕府はいくつかの法令を出した。しかしそれらの法令が現実的に実効性を持たなかったことは、村と浪人集団との仕切契約が示している。

(2) 異なる職分者間の職分をめぐる争論

修験と陰陽師の間では、占考《せんこう》という職分をめぐって争論が長く続けられた。明和五年(一七六八)陰陽師触頭《ふれがしら》が、羽黒派修験三光院が占考渡世していたことについて、寺社奉行に訴えた。訴訟の結果、修験三光院は占考渡世を三代に渡って、土御門家に届けず行ってきたことを理由に、押籠《おしこめ》のうえ占考停止を命じられた。明和七年(一七七〇)には、陰陽師売卜改め役が、江戸在住の羽黒派修験清卜院と当山派修験大尺院・良宝院の三名等を内々に占考をしているとして寺社奉行に訴えた。陰陽師側は羽黒派等とは内済で済ましたが、当山派とは公事が続いた。寛政十年(一七九八)、文化三年(一八〇六)、土御門家と聖護院門跡の占考をめぐり争論が起きた。文化七年(一八一〇)、土御門家が、大阪の本山派修験が占考していると大阪町奉行に訴えた。両者は、武家伝奏の仲介によって内済した。以上のように、異なる職分の者が、ボーダー的な職分をめぐる争論が起きた場合は、それぞれの職分の上位集団、あるいは本所・本寺が幕府に訴訟をした。

(3) 長吏・「非人」と芸能民・民間宗教者の争論

長吏・「非人」と芸能民・民間宗教者の争論は、長吏・「非人」の旦那場・勧進場と職分に関わり、複雑化している。

安永八年（一七七九）宇都宮において、大神楽職菊地遠太夫と「穢多小頭」弥五兵衛が、職分をめぐって争い、大神楽職が幕府に訴える事件が起きた（原田一九八七）。

安永八亥九月

野州今泉村大神楽職菊地遠太夫相手同国下河原町穢多弥五兵エ職分障出入吟味伺書

書面の通り申し渡すべき旨仰せ聞され承知仕り候

亥十月廿六日

大田備後守

（中略）

右吟味仕り候おもむき書面の通り御座候、遠太夫儀は以来職分を守り猥がましき稼ぎいたさず弥五兵エ儀も大神楽神職のもの共其家業の芸をもって村々へ立入候分は差障らずすべてかさつなる儀致すまじき旨評定所へ差出し裁許仕り遠太夫儀大神楽職分にこれなく三味線を弾き渡世いたし候段、家業猥にいたし成し候に相当り束ねざるにつき急度叱り置き申すべく候や戸田因幡守領分の出入に付伺い奉り候

九月

この争論では、二つの問題が争われている。一つは、長吏小頭配下の芸能（「非人」・乞胸・猿引）と、配下外の芸能（ここでは大神楽）との職分をめぐる問題であり、もう一つは長吏小頭への「届け」「挨拶」「礼儀」がないという問題である。この争いに対して、幕府は、大神楽にはその「職分」を守れと裁下した。同時に大神楽は本来の芸能を演じ、長吏小頭配下の芸能を侵害しない限り、村々

への出入りについて長吏小頭への届は必要がない（「挨拶不要」）、また長吏小頭弥五兵エも「かさつなる儀致すまじき」こと、と判決を出したのである。

長吏小頭および配下の長吏・「非人」は、地域の町・村を旦那場・勧進場とする一方、町・村の警備をしている。長吏・「非人」は旦那場内で勧進廻りや門付けをすることが認められ、また弾左衛門支配下にある乞胸《ごうむね》も、地域の長吏小頭に「挨拶」「届け」「礼儀」をすることによって、旦那場内で芸能を演じることができた。

上位の権威や本所を持たない地方的な芸能者が村々に入って芸能をする場合、現実的には長吏小頭に対して「挨拶」「届け」「礼儀」をすることが求められた。

たとえば、角兵衛獅子は、本所もなく、全国的な組織もなかったため、長吏小頭の旦那場内で芸能を演じるためには、長吏小頭への「届け」「挨拶」「礼儀」が必要であった。ただし江戸では角兵衛獅子はその必要はなかった。

一、右角兵衛獅子五人の者ども御当地にて稼仕りたき願に御座候あいだ何卒御檀中の程偏に仰付くだされ置き候はば有難く仕合に存じ奉り候以上

天保四巳三月二日　　山下村

勇三郎　㊞

山下村　御役所様

これは、天保四年（一八三三）「角兵衛獅子稼ぎ願」（『下野国半右衛門文書』）である。『下野国半右

衛門文書』には、この他「角兵衛獅子稼ぎ願」二通、「乞胸稼ぎ願」三通、芸不明の「稼ぎ願」一通が掲載されている。

このような「届け」「挨拶」「礼儀」が、何故必要なのだろうか。警察制度が整っていない近世の村々では、百姓たちは自分の力で村々を警備しなければならなかった。しかし村々に入ってくる「胡乱なる者」から村々を日常的に警備することは、百姓たちには不可能であるから、それを地域の長吏・「非人」の集団が行ったのである。そのことによって長吏・「非人」の集団は、旦那場・勧進場の権利を維持できるのである。それ故に、上位の権威や本所を持たない芸能民が、地域の村々で芸能をする場合、長吏の旦那場・勧進場仕切りと抵触するから、長吏小頭への「届け」「挨拶」「礼儀」が必要とされるのである。

長吏と「非人」の支配・被支配の関係も、関東では旦那場・勧進場の論理の上に成り立っている。次の史料は、「抱え非人」（長吏小頭と「非人小屋頭」による支配・被支配関係にある「非人」）と「非人小屋頭」の関係を示す年証文である。

仕り候手形の事

（中略）

右の條々は申すに及ばず、仰せ付けられ候色々の御法度堅く相守り申すべく候　若し少しなりとも相背き候わば、当人は如何様の見せしめにも仰せ付けられ、私儀は勧進場召し上げられ、余の非人に仰せ付けられ候とも、其の時一言申し上げまじく候　後日の為、よって一札件の如し。

（栃木県同和地区文化遺産調査委員会一九八〇）

右は、下野国の「抱え非人」が「非人小屋頭」に提出した元禄十二年（一六九九）の年証文である。「抱え非人」は、「非人小屋頭」にこの年証文を提出し、「非人小屋頭」は、これを人別帳とともに長吏小頭に提出し、長吏小頭は、年頭の挨拶の際、弾左衛門役所に提出した。弾左衛門役所は、自ずと支配下の状況を把握できたのである。ここには、「私儀は勧進場召し上げられ」とある。「召し上げ」るのは、長吏小頭である。地域の「非人」集団は勧進場を長吏小頭からいわば貸し付けられており、不都合があれば取り上げられるという関係がある。取り上げられれば、生活手段を失うことになる。関東の地域社会において、まず旦那場・勧進場を持つことができたのは、長吏集団であった。地域の「非人」集団は、勧進場の一部を長吏集団から借りるということを前提に、その配下になっている。

長吏・「非人」による警備の役割——浪人問題との関係——

私的な各種勧進・芸能民・民間宗教者は、近世初期から幕府や藩によって警戒されていた。元和四年（一六一八）私的勧進及び偽山伏、偽神職を禁止した。高埜利彦によれば、この命令は、信長による高野聖一三八三名の処刑と関連したものであり、漂泊する人々への統制であるとともに、太閤検地以来の農民の土地緊縛政策の一環でもあるという（高埜一九八九）。

寛永十四年（一六三七）、慶安元年（一六四八）年にも「不審成もの」「悪党」「乞食とも」への穿鑿・取締りの触れが幕府から町・村へ出された。

明暦二年（一六五六）に幕府は「盗賊人御穿鑿条々」を発した。上総《かずさ》国で盗賊が横行したため、その取締り命令として出されたものである。百姓・町人が「盗賊人」「行衛不知浪人」「悪党人」「不審成者」を取締り、在々所々に番屋をたて、夜番を行い、盗人を捕らえよという命令である。注目すべきは、「附、出家・山伏・行人・虚無僧・かねたたき・穢多・乞食・非人等、盗人の宿を仕、又は同類もこれあるべく、常々詮議を致し、先規より有来族か、由緒これある慥か成るは、差し置くべし、慥かならざるは、是又一切置くべからざる事」とある箇所である（『徳川禁令考』）。この段階では、出家以下の人々、特に「穢多・乞食・非人等」が幕府から警戒の目で見られているのである。

この時期、幕府は、本山・本社に所属しない民間宗教者を、以下のように本所・本寺の下に系列化させていった。

座頭（久我家―当道座検校）
修験（聖護院＝本山派・天台系と三宝院＝当山派・真言系）
陰陽師（土御門家）
当道座（久我家）
願人（鞍馬寺）
ささら（近松寺）
神事舞太夫（幸松勘太夫、後に田村八大夫）

寛保三年（一七四三）四月、幕府は、天領・私領とも代官を通して村々に次のような触れを出した（『御触書寛保集成』）。

上野国新田郡佐波郡山田郡勢多郡、下野国安積郡、武蔵国多摩郡新倉郡、相模国高座郡鎌倉郡愛甲郡大住郡陶綾郡足柄上郡、下総国葛飾郡村々、前々神子・修験滞りなく往来候処、近き頃右郡々村々境に禁制札相建、穢多・非人共番に付置、神子・修験村内出入致させず候、修行計りも

これなく、一派仲間親類縁者これあり候は、通路相ならざる由相聞え候、神子修験共に、触頭より銘々修業札渡置紛敷き儀これなく候条、前々の通往来致させべく候、若し又修業に事寄、悪事致候はば訴え出るべき事

ここでは、村々は、「穢多・非人共番に付置、神子・修験村内出入致させず候」としている。明暦二年（一六五六）の「盗賊人御穿鑿条々」と反対に、「穢多・非人」の人々は、村側に立って「番」をしているのである。背後には、利根川筋での飢饉の問題があり、村々への様々な人々の出入りがあり、そのことへの村側の対応が示されている。幕府の触れは、村々の警備が厳しく難儀しているものがあり、触頭が修業札を出した神子・修験には通行を許し、悪事を働くものがいれば訴えよという内容である。この時期以前に、関東では長吏・「非人」による警備が始まっていたといえる。

延享三年（一七四六）下総《しもうさ》国下高井村で、虚無僧を「非人」が口論の上殺害し、死罪・遠島にされた（小林一九九五）。この場合「非人」は、村方との関係で警備の仕事をしていたと思われる。

寛延二年（一七四九）八月の「宇都宮町方取扱諸事覚帳」（『栃木県史』一九七四）には、「一　町内宿無之非人・道心或いは願人等致徘徊候へは、捕候て非人共へ相渡追払出候、尤非人共見合次第改払候事」とある。

十八世紀前半には民間宗教者や芸能民の町・村への出入りだけでなく、浪人の来訪の問題が町・村を悩ますことが多くなり、幕府にとってもその取締りが大きな問題となってきた。

享保十六年（一七三一）幕府は、次のような触れを出した。

近き頃浪人者の由にて先主名を申、武士町方へ参り、銭を貰ひ、途中においても往還の者へ物を貰ひ候由相聞え候、此以後宅へ参り候は勿論、往還にても右体の儀これあらば、其所にて捕置、月番之奉行所へ召連れ罷り出づべく候、彼者申す旨に任せ、内証にて銭其外の品遣し候儀、堅く、無用に仕るべく候

（『御触書寛保集成』）

この場合、「其所にて捕置」以下の主語は、「武士町方」「往還之者」である。しかし、本来その役割は、幕府側にあるはずである。身分を越えた捕縛は、武士はともかく、町人・百姓には不可能である。また個々の武士にとっても、現実的には困難である。幕府がこのような触れを出すこと自体、幕府の警察機能の不備を示している。

宝暦十三年（一七六三）下野国河内郡上吉田村以下一三カ村は組合議定をした。そこでは、明和六年（一七六九）の幕府の触れ以前に、すでに領主の相違を越えて、村々が組合をつくり、浪人・諸勧進への拒否を次のように取り決めていた。組合村の結成は、関東では十八世紀後半からさかんに行われた。

一、浪人ていその外如何様のもの参り候て合力等申掛け候とも、一向合力仕るまじく候

一、御用ならびに御免勧化の外、何ものによらず人足等貸し、村送仕りまじく候、若しよんどころなきことに人足差出し申し候はば、御定に准じ賃銭これを取り、人足かし申すべく候事

（『南河内町史』一九九二）

幕府や藩による取締りに期待が持てないため、個々の村では対応できない浪人問題を、村々で組合をつくって対応しようとするのである。天領・藩領を越えた村々独自の動きとして注目される。

明和六年（一七六九）六月「明和六年令」では、浪人への合力《ごうりき》禁止と「其辺のゑた非人ニ為召捕」ことを、勘定奉行が関東・伊豆・甲州へ触れを出している（牧一九八〇）。

これは、武州那賀郡の村々へ浪人が「合力を乞、ねたりケ間敷儀中者多数有之候」というあり方について、前年十一月に老中から勘定奉行へ取締りを求めた通達への対応であった。

勘定奉行が、①浪人が士分であることを認めないで、②「ゑた非人ニ為召捕」ことを命じている。ここでは、幕府は、村役人などに対して、旦那場の警備をしている長吏・「非人」に、浪人を召し捕らせろ、と命じているのである。合力を求める浪人は、士分と認めず、勧進の一種とみなすということである。長吏・「非人」の警備の役割を、幕府が法認したともいえる。長吏・「非人」の警備の役割は、あくまで旦那場の範囲に限られたものであった。しかし、合力を求める浪人を士分と認めず、「ゑた非人ニ為召捕」という幕府の方針は、身分制に関わるものであり、また旦那場の範囲を越えるものであった。そして、長吏・「非人」を村方との関係を越えて、捕り物に動員する道を開くものであった。

勘定奉行が主導権を発揮しているのは、勧進する側・合力を求める側と村・町の側との関係が大きな社会問題になっていたことを示している。勧進・合力への幕府の対応を求める村・町の側の声が無視できないほど大きくなっていたと思われる。

この後、「安永三年令」が出された。「安永三年令」にも、浪人の合力要請と諸勧進の規制のために、「其辺之穢多非人為捕」（『法曹後鑑』）と書かれている。

この場合、長吏・「非人」に、浪人を「召捕」らせるのは、村側である。村側には、自検断の論理がある。長吏・「非人」が、合力を求める浪人を「召捕」ることができるのは、村々との関係があるからである。それを、幕府が法認しているのである。

しかし安永七年（一七七八）「安永七年令」いわゆる「穢多非人等風俗取締令」が出された。それ以前の宝暦十二年（一七六二）上野国《こうずけ》「丸山村外五ケ村議定」（大熊二〇〇〇）では、自勧進・浪人・ゑさし等への対応が定められ、また「近年穢多共村方百姓中同様ニ相心得、腰物帯或百姓中江對不相應之不届成義有之粗々相聞候」として、「穢多有之村々名主中」より「不礼《ぶれい》ケ間敷義不致候様に」厳しく申し渡すことが決められた。長吏・「非人」が警備をする側に立つようになって、一部の者に「不届」「不礼ケ間敷義」が生じる状況があったようである。

村・町の警備を長吏・「非人」が村々との関係の上に立って行うだけでなく、幕府末端の盗賊捕方《とらえかた》役人が、長吏・「非人」をその「手先」として利用することもみられた。これは、長吏・「非人」と村々との関係を越えた、権力側と長吏・「非人」の新たな関係である。盗賊捕方の「手先」となって働く長吏・「非人」が登場すると、中には「不埒」「不礼ケ間敷義」とみなされる行為をする者も現れてきた。「不礼ケ間敷義」「不埒」とみるのは、まず百姓・町人であった。

盗賊捕方の「手先」となる場合、当然、身分を越えた捕り物が行われる。「不埒」とみなされる行為はそこから生ずる。幕府は、捕り物において長吏・「非人」に依存しながら、その長吏・「非人」の風俗規制をしなければならなくなった。ここに「安永七年令」、いわゆる「穢多非人等風俗取締令」が出される理由があった思われる。

なお「安永三年令」が出されるまでの過程の詳しい分析、および「安永七年令」が出された意図の推定を藤沢靖介が行っているので（藤沢二〇〇七）、参照されたい。

次の史料は、「不礼ケ間敷義」「不埒」に関わるものである。この文は、弾左衛門が小山の長吏小頭に、その支配を厳格にせよと命じたものの一部である。

一、御領主・御地頭、または御廻村御役人方より召し捕りもの其外とも御用等小頭行事どもへ仰せ付られ候はば、組下ならびに手下共へ申付、情々大切相勤むべく、もちろん組下・手下共へ御直々仰せ付けられ候節はすべて小頭行事等へ伺いの上、下知請け相勤むべき旨は前もって申し渡し置くところ、いつとなく相弛み近来其筋へ申し出さず組下・手下共の内、如何の風俗にて手先同様の所業致し候ものもこれあり、既に昨年来吟味の上それぞれ咎等申し付け候ものもこれあり候、右は畢竟小頭行事共当座限りに等閑置き候故、自然と心得違のもの共出来致し候儀に候あいだ、以来取締の向き急度相い慎む様致すべく候、其上にも猶等閑置におゐては小頭行事心得違に付、厳重の沙汰これあるべき事

（『小山市史』一九八二）

史料は、天保十三年（一八四二）以降に相当するかと思われる。ここには、「御領主・御地頭、又は御廻村御役人方より召捕もの其外共御用等小頭行事どもへ仰せ付られ候はば、組下ならびに手下共へ申付、情々大切相勤むべく」とあり、捕り物の手伝いは、長吏小頭およびその配下の当然の役割のようになったことが読み取れる。しかし、あくまで手伝いであったはずが、長吏小頭―長吏―「非人小屋頭」―「非人」という支配・被支配の関係が「相弛み近来其筋へ申し出さず」に、「如何の風俗にて手先同様の所業致し候ものもこれあり」という状況になり、中には罰を受けたものもいた。その点

では、安永七年の状況と変わりはなかったといえる。しかし、問題の根本は、幕府の警察機能の不備にあり、末端の役人が、長吏・「非人」に捕り物の手伝いをさせることにあった。

その不備のために、個々の村では対処できない治安維持や増加する勧進への対応策として、組合村が自発的に結成されていった。先に見た宝暦十三年（一七六三）下野国河内郡上吉田村以下一三カ村の組合議定は、比較的早い例である。

やがて幕府・関東取締出役（文化二年〈一八〇五〉創設）の指示で広範に組合村が結成されていった。文政十年（一八二七）の文政改革は、組合村結成がその中心に置かれた。組合村が、各種勧進・芸能民・民間芸能者・浪人の廻村を取締まる方向に動き出した。天保期には村々（その若い衆）が武器をもって取締まり、時には農民兵として駆り出されることもあった。

三　幕府・藩による長吏・「非人」の役編成（牢番・行刑）

牢番の役割

幕府や藩が、長吏・「非人」を牢番や行刑の役割に使うことも行われた。これは、警備の問題を越えた役割であった。では、それは何故可能だったのだろうか。

アビラ・ヒロンは、『日本王国史』において、慶長十七年（一六一二）のこととして、次のように書いている。

浅草の癩病患者たちは既にのべた通り浅草に持っていた病院に監禁され、外から何もさし入れないように見張りがつけられた。だから、この頃、キリシタンたちは皆自宅に監禁され、同じ町の住人たちの責任下にあったのである。住民たちはそれを大そう面倒がり奉行のところに行って、あのキリシタンたちにかかりっきりだが、見張りの役目は大そう気骨が折れて厄介だ、もし失踪でもしたら、探し出してお上につき出さねばならぬ、何とかもっと適切な処置を与えてほしいといった。すると奉行は、好きなだけできるだけうんといじめいやがらせをしてやるがよいと答えた。つまりそれは彼らを獄卒にすることだったのだ。日本人（ハポン）とは死刑執行人（サヨン）なりといった人がいるが、彼らは非常に残酷な手段を用い、理をといたり懇願したりおどしたりして背教するよう説得しはじめた。

これによれば、幕府は浅草の「癩病」患者を「病院」（実際は自分たちが建てた小屋）に監禁し、浅草の町の住人が見張りをさせられた。「だから」というのは、「同様に」という意味であろう。浅草のキリシタンも自宅に監禁され、同じ町の住人が見張りをさせられ、その「責任下にあったのである」という。「もし失踪でもしたら、探し出してお上につき出さねばならら」ず、その役割は住人にとって負担感が大きかった。江戸においても、見張りをしたのはまず町の住人であったことは重要である。

何故、浅草のキリシタンの見張りを、同じ町の住人がさせられ、その「責任下にあった」のだろうか。ここでは、中世の村や町の自検断の論理が生きていたためと考えておく。当時は、「キリシタン」は禁制の宗教であり、幕府にとっては「犯罪者」であった。「犯罪者」は、「犯罪者」を出した村や町という共同体が裁くというのが、自検断の論理であった。

見張り・監禁は、町側で行うが、牢は権力側が設置するものである。

一六四〇年代になると、キリシタンの拷問・処刑の番人には、弾左衛門の配下が行っている。江戸のキリシタン取締りの記録である『契利斯督記』（国書刊行会一九七八）に、次のような一節がある。

一、宗門ツルシソロ時分ハ、二三日前ニ、町奉行ヘ申シ遣シ、ツルシ場出来次第、ツルシ候モノ、伝馬町籠（牢）屋ヨリ出シ遣ハシ候、其時分ハ町奉行衆与力同心付ケ候テ参リ候、自分ノモノハ先立チ、ツルシ場ヘ参リ、相待チ居リ申シ候、ツルシモノ参リ候得バ、穢多ニ申シ付ケツルサセ候事、町奉行与力同心ハ、カマヒ申サズ候、昼夜ツルシ場ニ番仕リ候儀モ穢多致シ候所ハ浅草穢多居リ申ス近所ニテ候、ツルシモノ白状仕ルベキト申シ候ヘバ、穢多注進イタシ候、其刻家頼ノモノヲ遣ハシ、様子相尋ネ候、大事ノツルシモノヲバ、筑後守時分ニハ、筑後守野村彦太夫ニ借置候野屋敷之内ニテツルシ候由、其砌モ番ハ穢多仕リ候

捕らえられたキリシタンは伝馬町の牢屋から「ツルシ場」へ「町奉行衆与力同心」に連れてこられ、そこで「穢多」に「申シ付ツルサセ」られた。「ツルシ場」があったのは、宗門改役の筑後守・井上政重の屋敷内であった。彼は自分の屋敷（小石川）内にキリシタンを禁固した牢や番所を設置した。彼の屋敷は切支丹屋敷とも呼ばれた。「自分ノモノハ先立チ」とは、井上の配下の者は、「ツルシ場」に先に行き、という意味である。昼夜番をするのは「穢多」であった。

江戸において、弾左衛門およびその配下の長吏は、キリシタンが入れられた牢の番をする役割があった。ここには、権力に対する役負担というべき関係がみられる。それは、町の住人がキリシタンの

見張りをするという段階を越えている。

一、斬罪ノモノコレアリ時分ハ、右同前ニ町奉行へ申シ遣ハシ候、与力同心サイリャウイタシ、浅草ヲンボウヤ、ハタモノ場ニテ申シ付ケ候、斬罪ハ、町奉行衆同心仕リ候、手前ノ者検死ニ遣ハシ候、屍ハ穢多共ニ申付、ヲンボウヤニ埋サセ候事

キリシタンに対する斬罪は、「浅草ヲンボウヤ、ハタモノ場ニテ」「町奉行衆同心」が行い、検死を宗門改役の家来が行った。「屍ハ穢多共ニ申付、ヲンボウヤニ埋サセ」た。キリシタンの検断における「穢多」の役割は、拷問の際の「ツルシ」と牢番であり、斬罪の際の手伝い（「ヲンボウヤ」に死体を埋めること）である。斬罪はしていない。

川越の商人・榎本弥左衛門は、寛永十九年（一六四二）と翌年に、弾左衛門とその配下が、キリシタンの逆さ吊りの番をしている姿を記している（榎本二〇〇一）。

右午・未両年大飢饉なり。此時、せんじゅ（千住）海道ばたはりつけ場に、御公儀より、きりしたんを四、五人さかさまに御つるし、団左衛門に御番仰せつけれ候。

ここでは、逆さ吊りが「はりつけ場」（場所からいえば小塚原）という公開の処刑場で行われていることから、拷問は処罰の一部をなしている。

キリシタンへの拷問の手助けだけでなく行刑の役割を、弾左衛門およびその配下の長吏がさせられ

たことは、正徳五年（一七一五）、弾左衛門が幕府に提出した由緒書にも書かれている。

一、御仕置御役の義は、鋸挽の晒・火罪・獄門・文字彫・耳鼻削、切支丹釣し問等に御座候、五拾七年以前石谷将監様・神尾備前守様御代、武州鴻巣村へ磔三人参り候節、御奉書頂戴仕り、検使共、私先祖に仰付なされ、御伝馬申し請け御役義相勤め申し候事

「五拾七年以前」とは、万治元年四年（一六五八）年頃に相当する。享保十年（一七二五）提出の由緒書では、列記された役割のほかに、磔が加わっている。

長吏・「非人」の牢番・行刑の役割は権力への役負担であり、権力によってその編成がすすめられた。従来は、この役負担の反対給付として、旦那場・勧進場の権利が、権力側から認められたという説明がなされた。しかし、その役負担は旦那場・勧進場の権利が前提となっていたと考えるべきである。

弾左衛門は、享保九年（一七二四）から「家別役銀」を配下の長吏から徴収するようになった。それは、弾左衛門配下の長吏が、実際に江戸で牢番の役割を勤める代わりに、長吏一軒当たり二匁五分宛が課せられたためである。弾左衛門が、「絆綱銭」＝「職場年貢銀」だけでなく、この時期に「家別役銀」を徴収できるようになったのは、車善七との闘争に最終的に勝利したことと関係があるのかもしれない。享保九年（一七二四）は、幕府による車善七配下の「非人」への大量処罰が行われた翌年にあたる。弾左衛門は「非人小屋」から「小屋御役銀」を徴収した。これは寛政七年（一七九五）までは「牢屋修覆銀」と呼ばれたものである。

行刑の役割

藤本清二郎によれば、広島藩において、名誉ある行為であった刑の執行が、十八世紀には「価値観」が転換して死罪行刑が嫌悪・憎悪の対象になったという（藤本一九八三）。

しかし、刑の執行が武士の名誉ある行為とみなされなくなった時、その役割が長吏・「非人」に転化されていった。その価値転換は何故起こったのであろうか。元和偃武《げんなえんぶ》以来の平和、殉死の否定、武断政治から文治政治への転換、市場経済の進展、傾奇者への弾圧、大開発による大地への畏れの弱まり、綱吉時代の生類憐れみの令と服忌令（貞享元年〈一六八四〉発布以来元禄六年〈一六九三〉までに五回の追加が行われた）の徹底等々の様々な理由を、大枠として挙げることができる。その過程で、行刑の役割に対する忌避感情や「穢れ」意識が、武士や百姓・町人に浸透していったということがあるかもしれない。

池上裕子によれば、戦国時代の関東において、「皮作《かわつくり》」やその他の人々に対し戦国大名が差別的な身分制的編成を直接に統一的に進めるということはな」（池上一九九九）く、「皮作」が一部の鍛冶、紙漉、炭焼などと同じ職人として扱われていたという。つまり「皮作」の集団は職能集団として扱われた。そのような「皮作」が、やがて差別されるようになったのである。

『榎本弥左衛門覚書―近世初期商人の記録―』に、明暦三年（一六五七）の川越のこととして次のような記述がある。

かわた談右衛門・作左衛門共以上十壱人川越町奈良次五右衛門殿へよび申す義、科人川越に有る時は、拷問は申すに及ばず、御成敗の時土段つき、はりつけに候時ははしらこしらへ、永代町人に少もかまわせ申さず候様相定申し候、子細は南町市にすりとらゑられ、高沢橋近所にて御成敗に罷り成る候時、ためし物に成り候時、かわたに土段つき候へ由仰付られ候所に、かわた共私ともは終に土段はつき申さず候様あいだ成りまじき候由申し候付、御家中衆町人に仰付られ候所に、定使弥次右衛門町の者終に仕り候義これなき候由申し候につき、弥次右衛門町殊の外たたかれ申し候に付、其より町年寄箕嶋八郎左衛門殿初、五町の町人右奈良次五右衛門所へ出で合せ、市のあき内とめ申し候に付、かわた共わひ事申し、此以後も何事にても科人の義は皆仕べく候由申し候に付、市をゆるし申し候

この史料によれば、「かわた」は、「すり」処刑のために「土段つき」（斬罪執行のための場つくり）を藩から命じられたが、「私ともは終に土段はつき申さず候様あいだ成りまじき候」と断った。そこで、藩は町人側に命じた。町人側は、それを「かわた」側に押し付けるために、「市のあき内とめ申」と脅した。「市のあき内（商）」は、旦那場に関わる問題でもあった。「かわた」側は、生活のためにそれに屈し、「わひ事申し、此以後も何事にても科人の義は皆仕べく候由申し候に付、市をゆるし申し候」ということになった。これによって、処刑に関しては「永代町人に少もかまわせ申さず候」という習いとなった。

ここで注目すべきは、藩側は、処刑の手伝いをさせるのは、町人側でも「かわた」側でも構わなかったという点である。藩は、上級裁判権という権威が自検断の上にあることを領民に認めさせれば、よかったのである。

畿内およびその周辺では、処刑役の肩代わりが比較的早くから進行した。中世の東日本では、被差別民による処刑役の肩代わりはなく、武士が直接処刑に携わった。斬首の役には、達人が選ばれたが、失敗すればその者の「恥」となった。近世江戸においても、牢屋同心によって斬罪が牢屋内で行われるのが原則であった。その際「非人」身分が手伝い人足をさせられた。ただしそれも「様者」（ためしもの）という名目で、山田朝右衛門に委ねられるようになった。しかし磔役は、長吏・「非人」に肩代わりされるようになったのである。

江戸の刑場は慶長年間（一五九六～一六一五）には本材木町と鳥越にあった。正保二年（一六四五）に弾左衛門は元鳥越町から新町へ移動し、その前後の時期に刑場も小塚原に移転した。この時期には、弾左衛門と刑場の仕事は切り離せなくなっている。

十七世紀の前半までの史料を見ていくと、牢番・処刑の手伝い等に「非人」が登場していないことがわかる。車千代松が、天保十年（一八三九）に提出した書上によれば、車善七は慶長十三年（一六〇八）非人頭に任命されたという。しかし峯岸賢太郎は、車善七を頭とする「非人」集団が形成されたのは慶安年間だという（峯岸一九九六）。

慶安五年（一六五二）弾左衛門と車善七の勧進場をめぐる争いに弾左衛門が勝利した。これによって、弾左衛門の車善七への支配権が生まれた。明暦三年（一六五七）の江戸大火の際、焼死体の片付けを「非人」が弾左衛門の指揮下で行った。弾左衛門の支配を受けた時期から「非人」が牢番・処刑の手伝い等に参加するようになったと考えられる。享保十年（一七二五）の車善七書上によれば、享保四年（一七一九）、牢屋が火事の際の牢屋駆付人足を命じられた。これが後に定詰《じょうづめ》人足となった。

地方における牢番と行刑の役割はどうであったか。たとえば『宇都宮藩御用番日記』元禄六年（一六九三）三月二十九日条に、次のように記されている（『栃木県史』一九七四）。

一、東新里村徳左衛門去る頃乱気仕り、母を切殺し候につき村へ御預、公儀へ御窺遊ばされ候所に、徳左衛門儀引渡し、はりつけに懸、男子は殺害仕り、女房、女子はあほわらに仕り候様に仰せ出だされ候、これによって廿八日新里村へ徳左衛門召連れに参るは、御中間頭間野新五右衛門、御代官落合杢右衛門、御徒目付奥山与市左衛門、足軽拾人目付壱人、小頭壱人、棒は渋紙包に〆て遣す、廿九日明六ツ時過籠屋迄彼者召し連れ参り候、すなはち馬にのせ、制札をえつた者へこれを指出し、新町口より町廻り引廻し、竹林にてはりつけに懸る、男子三才に罷り成り候是は御籠屋にて首を刎ね、女房、女子は勘定所に番人足軽四人付け置き候、引渡候節、警固に罷り出候は、御中間頭間野新五右衛門、柳忠太夫、右両人鑓えを持せ馬上町同心拾人先へ立、足軽拾人引渡し者の前後、先規は籠番突棒、さすまたこれを持ち出し候えども、籠番不足につき、えつたに鑓を持せ、先へ立ち候制札文言曰、新里村百姓乱気仕り、母をきりころし候につき、この行のごときものなり、

まず「母を切殺し候につき村へ御預」とあり、罪を犯した者の村が本人の見張りをさせられることが書かれている。村共同体が、犯人の管理の責任を負っている。文中の「あほわら」は不明である。

史料によれば、「えつた（者）」が、竹林の刑場で処刑の手伝いをさせられた。『寛延二己巳年　宇都宮町方取扱諸事覚帳』には、「仕置物有之節役ニ而罷出候、其節ハ玄米五合宛被下候」とある。問題は、その「役」という言葉をどう理解するか、ということにある。「玄米五合宛」を下しているの

は、町方である。「先規は籠番突棒、さすまたこれを持ち出し候えとも、籠番不足につき」とあるように、その役割を果たしたのは、最初は「籠番」であった。ここでは、「籠番」と「えった（者）」が区別されている。同じ史料には、「一牢守之儀、給金五両ニ五人扶持給之、御先々代宇都宮城主所替ニても牢守は国附之事　但牢者有之節は、黒米八合給之事」とある。「給金五両ニ五人扶持」を給したのも、「但牢者有之節は、黒米八合給」したのも、その記録が町方のものであることから、町方であろうと思われる。牢守は、藩の役人という位置づけではなく、領主が転封になってもその地に留まり、新領主に仕えたようである。

同様に「一仕置物有之節、役目ニ而穢多共罷出候、引渡ニ成候科人之儀、伝馬町より馬指出候、材木町より材木差出候、道具之儀は車屋細工仕候て拵申候、鉄物之儀は大町鍛冶屋共より指出候、縄竹は上河原町より指出候事」とあり、処刑の際には宇都宮町の特定の町が特定の品を出す定めになっていた。特定の町が特定の品を出すことは、都市共同体の一員の義務であるとともに、一種の営業税のような性格であったのだろうか。また出火の時に「一牢屋へ、曲師より廿人、挽路町より九人、茂破町より四人、〆三拾三人相詰候、但是は四百九拾弐人内に御座候」とあり、各町から出すべき人数が定められていた。火事から牢を守るという役割は、宇都宮では町共同体にあった。

下野国の足利では、江戸時代後期には被差別民（「非人」身分は「非人」と書かれているので、おそらく長吏が）が「太刀取り」をした（『下野国半右衛門文書』）。

上総《かずさ》においても幕末には、長吏が「太刀取り」を行っている。元治元年（一八六四）、九十九里一帯で起きた真忠組事件の処刑役を命じられたのは、東金周辺の「穢多」身分の人々であった。「浮浪人ども御吟味の上、村方辻堂において死罪獄門に行はれ候者」として名前が一一名挙げられ、「首切の役は穢多番人、首級は俵へ入れ、三浦帯刀引き廻しの馬へ就け附け、体は俵へ入れ、小関村新開へ送り、晒に相成り候事」（「勝田家文書」文久四年三月二九日日記）とある（『東金市史』一九七八）。三浦帯刀は真忠組の中心的人物である。

行刑の役割を、誰が担ったか。地域、時代によって多様であったが、関東における時代の趨勢は、武士から長吏・「非人」へというものであった。

牢番・行刑の費用は誰が支払うのか

牢番の役割・行刑の役割およびその費用は、本来だれが担わなければならなかったのであろうか。中世の西日本の村々には、惣村が発達した。東日本にも惣村が形成されていたことは、池上裕子の研究で明らかになってきている（池上一九九九）。中世の惣村や町では、自検断の慣行があった。村で犯罪を犯した者は、村の掟によって裁かれ処罰された。牢屋の管理も村で行われた。それらの費用は当然村で負担した。中世後期には、領主の地域支配もその自検断を容認することで維持された。村や町の自律性・自検断の理念でいえば、いうまでもなく、その担うべき主体は、村や町であったはずである。藤木久志がいうように、共同体における「大犯三ケ条」（殺人・盗み・放火）の犯人の追捕は、共同体全体の共同の「役」であり義務であった（藤木一九八七）。村や町を越える問題に関しては、「公儀」（中世では、朝廷・幕府や荘園領主、地域の領主であり、近世では、幕藩権力ということになる）の役割であったはずである。自検断と公儀の法は、相互に依存しながら行使された。

水本邦彦は、近世における公儀の法と村の掟の関係を次のように明らかにしている（水本一九八七）。

（1）公儀の法は私的制裁を禁じており、村の掟はそれに抵触する危険があったが、抵触しない形を巧みにとって厳然と実現された。

（2）両者は相互に依存し合っており、村は公儀の法を部分活用し、公儀は「内証」の場面で村の制裁に依存していた。

しかしこのような関係も十八世紀後半には変化しはじめるという。

近世に入っても、村内部の犯罪者の牢費用は、当該村全体が支払うのが原則であった。中世において個々の共同体や惣村が持っていた自検断のうち、重罪に対する裁判権・処罰権は、近世の幕藩権力によって否定された。しかし幕藩権力も、村切りを行ったとはいえ、共同体の自検断をすべて否定したわけではない。

正徳二年（一七一二）の「正徳二年七月壬生表町通略明細帳」（『栃木県史』一九七四）によれば、下野国壬生藩では、当初牢番・牢舎扶持（牢に入れられた者の食事提供）の役割は村々廻り番であった。

一つ、牢舎御座候節　三浦壱岐守様御代は御領内村々廻り番に仕り候、尤牢舎扶持も村より仕り候、松平右京太夫様御代は、牢舎致し候村より扶持ならびに番共に仕り候、加藤越中様御代に至り、三四年以前迄は、右京太夫様御代の通りに仰付られ候処に、三四年以前より番人当□□に仰付られ候、牢舎之扶持番人の扶持は其村より仕候

この史料を読むと、当初牢番・牢舎扶持の役割は村々廻り番であったが、後に「牢舎致候村より扶持ならびに番共に仕り候」となり、さらに「番人当□□に被　仰付けられ候、牢舎之扶持番人の扶持は其村より仕候」となった、とある。元来牢番・牢舎扶持・牢舎番人扶持は、村々の自検断の論理で動

いていたと考えられる。犯罪を犯した者を自ら捕らえ、それを自ら罰するのが、村々の自検断である。牢が村々のものから政治権力者のものとなったとき、自検断の論理に変更が加えられた。しかし全面的に否定されたわけではなかった。牢番・牢舎扶持・牢舎番人扶持の責任が、領内の村々の廻り番から犯罪者を出した当の村に限定されるようになり、さらに番人が、被差別民に委ねられ、牢番扶持・牢舎扶持だけが、当の村に課せられるようになった。

このような動きは、牢番の役割を百姓が嫌った結果である。被差別民が牢番を担うようになった経過は不明だが、牢番の役割について、先に見た川越のように、旦那場の問題が隠れているのではなかろうか。

次の牢番の史料は、日光神領のものである。

寛政三年(一七九一)(「都賀郡土沢村明細帳」『いまいち市史』一九七三)

「一　牢番　壱軒前ニ付、夏麦五合、秋籾五合ツツ出申候」

享和元年(一八〇一)(「引田村明細帳」『鹿沼市史』二〇〇〇)

「一　穢多銭壱貫文宛年々

日光穢多　惣右衛門ニ渡す」

文政五年(一八二二)(「河内郡大桑村明細帳」『いまいち市史』一九七四)

「一　牢番穢多方へ毎年百姓壱軒屋敷持大麦壱升、大豆壱升、半軒屋敷持大麦五合、大豆五合宛差し出し申し候」

惣右衛門は日光横宿の長吏頭であった。彼は弾左衛門の支配を受けていなかった。日光神領の牢は、長吏の居住地の近隣にあった。日光神領では、牢番や処刑の手伝いを長吏が行っていた。牢番の手当は、日光神領の村々が負担した。その費用は、大麦・大豆などで支払われたが、銭の場合もあった。「毎年」とあり、永続的な関係がみられる。日光神領の村々から出されているので、牢に入った者の当該村の負担という原則ではない。

寛政三年（一七九一）都賀郡土沢村では、百姓が一軒ごとに「夏麦五合、秋籾五合ツツ」を出している。土沢村と大桑村が出す物が異なっているのは、時代の違いか、地域の違いか不明であるが、大桑村は畑地が水田の五倍以上あり、土沢村は畑地が水田の約三倍である（『慶安郷帳』）ので、村の作物の違いがここに現れていると思われる。

これらの史料は、長吏が勧進権を持っていたことを証している。それは長吏が牢番の役割を担うことに対応するものと考えられよう。牢番を勤めている長吏に村々が大麦・大豆・「穢多銭」などを渡しているのは、本来は村々が自検断としてやるべき仕事を長吏に委ねているからである。

竹末広美によれば、日光領の牢番給は「牢番穀」や「牢屋番寄穀」と呼ばれ、文政二年（一八一九）には、全村で九石ほどの量になったという（竹末二〇〇一）。また村々を一二組に分け、各組に責任村を設置し、牢番の者が直接廻村して牢番給を集め、その村々には長吏から雪駄・裏付草履・竹皮草履などが渡されたという。

特に竹皮草履の製造は、幕府から公認された被差別部落の専業であり、近世では旦那場内の名主格の家には、正月や八朔には竹皮草履が贈られた。旦那場の確認の意味を込めた象徴的な行為であった（坂井二〇〇〇）。

足利町の史料・「寛政十年五箇村大岩村山下村明細帳」に、次のような記述がある（『足利市史』一九七九）。

是は牢屋敷壱反六畝拾四歩前々より除地につき牢屋敷の外は牢番人半兵衛作物仕につき申し候、尤も上町定使共相勤め申し候　かつまた修復の儀は外家ならびに囲等郡中割合をもって仕来り申し候、或は大破に及び建て直し内さし仕り直し候節は御入用をもって仰付られ候

この史料によれば、足利町の牢屋敷は、「穢多」助左衛門・助右衛門の地にあった。「穢多」助左衛門・助右衛門は、長吏小頭半右衛門の支配下にあった。史料から、牢屋敷の修築の費用は「郡中割合」で払われたことがわかる。

宝永五年（一七〇八）「宝永五年結城町明細帳」（『茨城県史』一九七一）によれば、下総国結城町には、「獄屋」があった。

一、獄屋　壱ケ所　獄屋守　又兵衛
但　西宮上町ニ御座候、町中より七月極月両度ニ銭五貫文程為取申候

結城町では、「獄屋守」は、町中より年二回銭五貫文程の支給を受けていた。藩権力がそれを命じているということは、史料からはうかがえない。

上総国大多喜城下でも同様の例がみられる。元禄十五年（一七〇二）「大多喜町柳原町差出明細帳」

（『大多喜町史』一九九一）に、以下のように記されている。

一、牢屋　番人　長右衛門
　此給米高百石ニ付麦四升、籾四升、壱ケ年ニ両度、百姓より出来り申候

関東だけではなく、東北地方の例を見てみることにする。

佐竹秋田藩の久保田では、佐竹氏入部以前から「らく」＝「穢多」が牢番役を務めた（金森一九九二）。そのために村方・町方から彼らに「籠米」が支給された。延宝元年（一六七三）より金銭の支払いに変わった。秋田でも、牢番の費用は、百姓・町人側が出したのである。

荘内藩では、行刑の手伝いも当初町方が行っていた。享保十二年（一七二七）年の「引さらし之節御道具并柱持穴堀御町人足出方の覚」（『町奉行扣』）によれば、羽前国鶴岡町（荘内藩）では、鑓持九人、柱持六人、穴堀六人の計二一人を町方が町人足として出したのである（『鶴岡市史』一九六二）。

しかし文化十三年（一八一六）町方は嘆願書を藩に出して、処刑に関わる町人足を「町離」に永代に渡って請け負ってもらった。その際「町離」に二十両を支払っているのである（『鶴岡市史』一九六二）。

　　一札指し上げ申す事
一　御鑓持一式　ただし増御鑓持等出し候節共
一　柱届ならびに穴堀埋共

一　台持
一　柴萱買届共　但萱柴代銭は御上より相渡し申し候事
右請負金弐拾両
右は御町中引廻し御仕置は御座候節町方より出す人足の分一式永代御請負金として町離に御渡し成し下され請負申ところ実正に御座候、已来御仕置これあり候節前段ケ条通り拙者共引請申べく候、万一村方如何様の儀御座候とも異変なく急度相勤め申すべく候後日のため御請証文よって件のごとし

文化十三年子十一月

町離惣代組頭　紋　九　郎
同断組頭　佐次右ェ門
町離頭　雨宮七右ェ門
証判　岩瀬万治
阿部善助

右の資料から鶴岡においては、行刑の手伝いは、当初「町離」の役割でなく町方の役割であったことがわかる。町方が「町離」に「請負」ってもらったのである。ここで使われている「請負」という言葉は、市場経済的な意味あいが強い。それは、肩代わりの一種という意味で理解できる。その背後には、川越の場合と同様に、旦那場の関係があるように思われる。

以上の北関東・東北の事例から、東日本では、牢番や行刑の手伝いについての費用は、村方や町方が支払うことが多かったのではないかと思われる。また牢番や行刑の手伝いも、村方や町方から長

吏・「非人」に肩代わりされていったといえる。

本論では、長吏・「非人」に特有の仕事のように考えられている警備、捕り物・牢番・行刑の役割について、旦那場・勧進場という視点から再検討を行った。そのために民間宗教者・芸能民・浪人と長吏・「非人」と町・村と政治権力という四者の関係について、特に注目した。長吏・「非人」が警備の役割を果たしたのは、旦那場・勧進場の権利を町・村から認められているからであった。捕り物・牢番・行刑の役割を担ったのは、町・村の自検断の一部肩代わりのためであり、それは町・村を旦那場・勧進場としている長吏・「非人」にとって拒否できないものであった。幕府や藩にとって、その役割は町方・村方でも、長吏・「非人」でも、どちらでもよかった。結果的には、捕り物・牢番・行刑の役割を長吏・「非人」が担い、幕府や藩は、町・村と長吏・「非人」の関係を利用したのである。

本論では、北関東の史料を主に使用した。筆者のフィールドが北関東であるためである。筆者の見解も「北関東においては」という限定つきのものである。

第四章　旦那場・勧進場とは何か

藤沢靖介

はじめに

前近代に現れる被差別民には、共通して、旦那場（檀那場）、勧進場と呼ばれるものがあった。その生業（専業）や芸能・宗教行為などの営まれる権域（権利の地域的範囲）である。本章は、近世の長吏・かわたを中心として、旦那場・勧進場のあり方、特徴を総合的に明らかにすることを中心的なテーマとする。ここでいう長吏・かわたとは、近世社会の身分制度の中で「穢多」とされた人々のことである。

だが、旦那場をもって、その営みや活動を展開したのは、長吏・かわたに限られたわけではない。近世社会には多様な芸能民・民間宗教者がおり、その芸や宗教行為をもって地域社会を巡回したが、そのそれぞれに固有の旦那場があった。彼らは、領主・支配者や地域社会から、時に「穢多・非人同然」などと言われ差別されていた。

筆者は、芸能民・民間宗教者と「賤民」を併せて「被差別民」と把握する。旦那場・勧進場の所有は、この被差別民に共通する特徴的な属性なのである。いいかえると、被差別民の固有の（あるいは特徴的な）生業や芸能・宗教行為などは、そうじて、勧進する者＝被差別民とそれを受けて布施・喜捨（「旦那」）する者という相互関係をとって営まれていたのであり、その相互関係の場が旦那場あるいは勧進場と呼ばれたのである（以下、旦（檀）那場・勧進場を旦那場と略記する）。

さて、旦那場には 次に記すように様々な種類があり位相があった――本章では、ほぼこれに沿って叙述していきたい。

まず長吏・かわたの活動の場を中心に旦那場をみると、

(1) 長吏・かわたらが斃牛馬《へいぎゅうば》の解体・処理をする権利の範囲（権域）である。いわゆる皮取場である。

(2) 長吏・かわた、非人が、節句や吉凶に際して、家々に赴き、芸、言葉・身振、配札、物品などで言祝《ことほ》ぎなどをして米銭等を受け、あるいは折にふれて勧進・門付けする地域の範囲である。それは見廻り・警備などをする範囲でもあり、櫓銭《やぐらせん》・十分の一銭を取るなどの芸能興行に関する権利の範囲でもあった。これは勧進場と呼ばれる場合が多かった。

長吏・かわたの旦那場は、上記の二つ（(1)、(2)）が、上下二重の如き形で存在していた場合が多い（詳しい実態は、第一章以下を見られたい）。

なお、長吏・かわたに固有の生産物（例えば草履・雪踏など）の販売も、概ね(1)、(2)の旦那場のうえでおこなわれていたことを付記しておく。

次いで視野を拡大して、他の被差別民の場合をみると、

(3) 多種多様な芸能民・民間宗教者が、各地の家々の門前で芸や宗教行為をおこない（門付け）勧進して廻ったが、その活動範囲・権域として、それぞれの旦那場が挙げられる――この旦那場は、勧進廻りする点で、前記の長吏の(2)の旦那場と似ている。

(1)、(2)の長吏・かわたの旦那場と、(3)の芸能民・民間宗教者など被差別民の旦那場との間には共通性があり、同時にまた違いと相剋があった。長吏・かわたら「賤民」(近世被差別部落、略して近世部落、あるい単に部落とも表記する)の歴史的性格・位置を見るためには、芸能民・民間宗教者との相互関係の検討が不可欠だと考える。しかし本書では新たに一章を設けることができないので、この総論の中で、芸能民・民間宗教者の旦那場と長吏・かわたとの関係を具体的に事例を挙げて叙述し、なにがしか責めを果したいと思う。

旦那場をめぐる表現・用語と社会的観念・慣習

旦那場・勧進場には様々な呼び方があった。やや複雑になるが、あらかじめ要点を記しておきたい。

前記(1)に記した斃牛馬の解体・処理の権域には、皮取場という端的な表現があてられていた。弾左衛門支配下の関東やその周辺では、これを特に意識して「職場」と呼んでいた。あるいは「下場《したば》」と呼ぶ場合もあった。

前記(2)の権域には、勧進・門付に着目した「勧進場」との呼び方と、旦那廻りに着目した「旦那場」との呼び方がある。本章では「勧進場」(狭義の勧進場)と記すことにする。また、「下場」に対比した「上場《うわば》」との呼び方もあり、これも必要に応じて使いたい。

近畿など西日本では、これらを草場、芝(場)などと呼んだ。また全国的に見ると、この他に、請持場、清め場、掃除場、得意場、など様々な呼び方がなされた。

では、勧進あるいは旦那という言葉はいかなる意味を持つのだろうか。

まず、勧進とは、信仰を〝勧める〟こと、功徳を積むこと(積善)を〝勧める〟ことをいう。具体的には、例えば寺社や仏像の建立・修造、公共事業などのために布施・喜捨を求めるなどの営みを指した。古い例では、東大寺大仏殿の再建のための勧進活動を統括した僧・重源《ちょうげん》は〝大勧進職〟であった。

これに対し旦那（檀那）は、元来は布施・喜捨することを指すサンスクリット語（dāna）を語源とする。同時に布施・喜捨の行為だけでなく、それをする人を指しても使われた。「dāna」は与えるという意味を持ち、例えば臓器を提供する「ドナー」も同じ語源だとされる。

日本における古い使用例として、中世の説教節「さんせう太夫」の中で、「檀那」の語が布施・喜捨の意味で使われている部分を紹介しよう。

厨子王の後を追って国分寺まで来た「さんせう太夫」の息子・三郎が「ただ今ここへ、童が一人入り候。御出しあれ」と要求するのに、国分寺の聖は「なんと候や。春夜の徒然なに、斎《いつき》の檀那に参れ（り）と御申しあるか」と応える一節がある。厨子王をかくまった聖が、〝布施のために来たのか？〟と、追手にシラを切って応答する場面である。

仏教の寺檀関係で使われる檀家も同じ意味であり、近世の宗門改帳では「拙寺旦那」などと記される場合も多い。寺社を庇護する有力者を指す檀越《だんおつ》も同様である（こうした用例から転化して、今日旦那は有力者の意味で使われるようになる）。要するに、勧進（者）と旦那は一対の関係であり、勧進場と旦那場は、同一の場を指すものである。

布施は、旦那（檀那）の中国語（訳）で、布施に対して、神仏の加護や極楽往生などの〝法施〟が期待されていた。中世に普遍的な贈与と応酬の関係がそこに存在したのである。〝法施〟を説き、布施・喜捨を重ねること（仏教的積善）を勧めたのが勧進なのである。

家々を廻って祝福芸をする「門付」もまた勧進と見られた。言祝ぎの芸や所作は、宗教的・呪術的な営み（法施があるもの）であったからである。

ところが近世には、布施に米銭を求める行為は、次第に単なる物乞いとみなされる方向に変化する。勧進の語は、即ち乞食《こじき》であるとされるようになる。同様に、祝《ほか》い人から転化してホイトの語が、乞食に対する侮蔑の意味を含んで使われるようになる。支配者は勧進をしばしば「ねだりまかしき」行為とし、次第に否定しようとしていく。

近世には、寺社造立などで布施を求める行為には「勧化《かんげ》」という言葉が使われるようになった。それは物乞い視された勧進との区別を意識して作られた言葉であった。

一　斃牛馬処理と旦那場

一九七〇年前後には、近世の長吏・かわた（「穢多」）の皮作りに関して研究が進み、その固有のあり方が意識されるようになった。旦那場研究の幕開けである。

「斃牛馬処理」と牛馬の皮を鞣《なめ》す営みは、近世には、長吏・かわたの専業（職分）とされた。だが、皮作りといっても皮革すべてが長吏・かわたの専業だったわけではなく、野生動物の解体や皮革製品の加工はその限りではなかったのである。ただ所により、犬や鹿が類似した扱いを受けた場合もあり、加工に長吏・かわたが深く関与する場合もあった。

斃牛馬処理とは、農耕や運送などで使われた末に斃《たお》れ死んだ牛馬を、自分の物にし、解体して皮や骨・その他を採る営みをいう。採取されたものは、ほどんとすべて動物性資源として活用された。

鞣《なめ》しとは、剥いだ生皮や一時的に乾燥した原皮を腐らない状態の「革」に革《かえ》る作業をいう。鞣しは、その技術的特徴からか、専門化して特定部落に集中していたようである。なお鞣しは、通例は斃牛馬処理には含めない。

斃牛馬処理の流れと皮取場・「職場」(下場)

牛馬は、死ぬと無償で長吏・かわたに引き渡された。近世には、飼主が埋葬したり自ら解体したりすることは認められず、所定の部落、長吏・かわたに、無償で引き渡すこととされていた。その形態は、関東では、所定の馬捨場に出される場合が多く、地域を見廻る非人や長吏がそれを見つけると、権利を持つ長吏に連絡して解体した。近畿など西日本では、連絡を受けてかわたが取りに行く場合が多かった。

斃牛馬を無償で引き取る権利は地域的に編成され(権域)、地域単位の長吏・かわた集団によって所有(共有)されていた。その権域は、関東では「職場」、関西では「草場」と呼ばれた。一つの職場・草場は数カ村以上にわたる場合が多かった。

職場、草場は、末端では分割されていた。分割の態様は、関東では、馬捨場単位に分割したうえで、「日割」で、個々の長吏・かわたに分割所有されていた。それに対して西日本では株化される傾向があった。関東の小頭は、浅草に居を構えた頭・弾左衛門の代替わりごとに、その権域と馬捨場の位置を描いた「職場絵図」と、分割の態様を取りまとめた「職場日割帳」を提出することとされていた。

弾左衛門は、配下の長吏・非人集団から「職場年貢銀」、「家別役銀」(長吏)、「小屋役銀」(非人)の「三役銀」を徴収したが、その中心は職場年貢銀であった。これは古くは絆綱《はずな》(馬の鼻を引く革製の綱）現物の上納であったのが、次第に「絆綱銭」に変化し、さらに職場年貢銀に名称が変わったもので（大熊哲雄一九九〇）、つまり皮役銀であった。絆綱の上納は、幕府・藩の領主権力に長吏・かわたが負担する皮役負担と服属を象徴的に示す儀礼的行為であった。弾左衛門の所で集約されて幕府に上納される皮役は、配下の個々の部落に割り掛けられ、かつ銭納、銀納と変化して、職場年貢銀と呼ばれるようになったのである。

「役」とは、領主・国家など支配者に対して技術、労働力、製品などによって奉仕することを指す。役負担は長吏集団として請けたうえで、配下に分割して掛けられたため、一般に、頭が配下に割り掛けるものも役といわれた。職場年貢銀の語からは、割り掛けられた皮役が、百姓の年貢に比肩すべきもの、つまり基本的な負担と見なされたことがわかり、また、それが単位部落が持つ職場に掛かるものと位置づけられていたことがわかる。関東の長吏集団にとって、職場所有はそうした重みを持つ事象であった。

なお、〝旦那場（を持つ者）に役負担が掛かる〟という対応関係が、ここに表現されていることにも注意を向けておきたい。

さて、こうした斃牛馬の無償引き取りの権利とその分割の態様を、関東で最も早く明らかにしたのは、神奈川の小丸俊雄である。「大磯助左衛門文書」（東海道大磯宿に接して居住した長吏小頭・助左衛門家の文書）による研究であった（小丸一九六八、六九）。

次に、一九七〇年代末までに埼玉県の『鈴木家文書』が解読・刊行（一九七〇年代末）され、そこに相模と同様の状況が確認されることによって、職場に関する小丸の分析は、関東での普遍的なあり方として了解されることとなった。加えて「上場」の存在（冒頭の(2)）が確認され（関西では既に明らかにされていた)、旦那場・勧進場の二重性が明らかにされた。また、職場に関する争いが長吏集団の中で処理されている事実から、領主権力とは相対的に独自なあり方を持つことも明確にされてきたのである。鈴木家文書による研究では、その最も代表的なものとして峯岸賢太郎の「関東」(峯岸一九八三)を挙げることができる。

草場・芝のあり方とその研究

関西では、斃牛馬処理と「草場」「芝」の存在に、早くから関心が向けられた。「西播地域皮多村文書研究会」のメンバーや三浦圭一の研究が、とりわけ注目される。

一八七二年の『部落問題研究』三三輯で脇田修は、〝かわたの身分的所有は斃牛馬処理〟と論じ、「身分的所有」論を提起した。斃牛馬処理への着目は、研究の一定の進展を反映したもので、またそれを促進したといえる(脇田一九七二)。

註 なお、脇田の「身分的所有論」自体は、理論的な根拠としたマルクスの議論とは、明らかに異質で、成り立ちがたいと筆者は考えている(脇田は〝身分によってそれぞれ固有の所有がある〟とするが、マルクス『ドイツ・イデオロギー』、『資本論・第三巻』はギルドの親方と弟子の関係など、身分関係によって再生産される身分的資本と所有を論じ、搾取・私的所有の身分的なあり方を指摘する。

さて、斃牛馬処理制の重要性を正面から主張したのは、「西播地域皮多村文書研究会」である。その一員である前圭一の二つの論文は、斃牛馬処理制を専論した全国的に最初のものである(前一九七四、一九七六)。

前は、斃牛馬処理制の「原則」として次の五点を挙げた。

⑴かわたの〝特権〟である、
⑵死んだ牛馬に限定されている、
⑶無償でかわたに引き取られる、
⑷皮多村相互の間で〝旦那場〟〝草場〟等が決められている、
⑸処理の権利の株を持たないものは排除される。

以上五点の他に、草場が〝お貰い〟や〝入稼《いりかせぎ》〟（雪踏《せった》販売など）の場でもあることも指摘された。「日割」と「株」という分割の仕方の違いはあるが、小丸の分析とほぼ同様なあり方が、ここで明らかにされている。加えて小丸の研究で指摘されなかった狭義の勧進場（冒頭の⑵）やそれ以外の営みにかかわる点もここでは指摘されたのである。しかし何故か、櫓銭取得だけは落ちていた（あるいは主要な関心が斃牛馬処理に向けられていたためか？）。

櫓銭は十分の一銭などとも呼ばれ、村はずれや河原などで芝居興行などが催される際に、上がりの一部がそこに権利を持つ（旦那場とする）かわたに渡される慣行をいう。芝居小屋には、通常かわたが入って警備などにあたるが、これもその一環と見られた。また寺社の祭礼、市などに際しても同様のことが見られ、芝銭あるいは市役銭《いちやせん》、津料などと呼ばれた。この慣行的権利はしばしば混同されるが、興行権とは別ものである。興業権は興行主に興行をみとめる権限を持ったものである。長吏が〝無届〟での芝居開催に抗議した事件として、江戸で著名な「金剛太夫」事件（一六六七年）や「勝扇」事件（一七〇八年）があるが、興行権ではなく櫓銭取得に絡む争いであった。

さて、西播地域皮多村文書研究会のメンバーは、その後も旦那場研究を推進した。近世を通じた段階的変化を論じようとした藤本清二郎や、兵庫の史料を駆使して、地域の具体的様相を論述した臼井寿光らの仕事がある（前記の櫓銭・十分の一銭の取得については、その中でいわば補充された形になった）（藤本一九七七、臼井一九八〇）。

藤本の研究の中で、斃牛馬処理権が「牛馬の『死』を介して成り立つ権利である」という「特殊性」を持つ、と指摘されたことが注目される。本質的な特徴が明確にされたのである。その後の研究で、斃牛馬がどこの長吏・かわたのものになるのか（どの捨場に出されるべきか）は、飼育されていた場所ではなく、斃れ死んだ場所で決まったことが一層鮮明になった。

もう一つの大きな特徴として、前が言及した(4)に関する点が次第に明確になってきた。紛議の調停・裁定や、利害の調整は、基本的に長吏・かわた集団内部でなされていた。とりわけ弾左衛門体制下の関東でそれは顕著で、職場、勧進場をめぐる争論は、弾左衛門役所に持ち込まれた。したがって、旦那場を仕切ったのは、領主でもなければ百姓・村でもなく、長吏・かわた集団であったのである。こうした性格は、史料では「穢多共規定に任せ置く」「穢多の古法」「御領主様も御百姓も介入しないもの」などと表現されていた。

要点をまとめると、斃牛馬処理制とは、牛馬が死とともに飼主の手を離れ、長吏・かわたに委ねられ、その仕切りのもとに入る社会的慣習と表現しうる。無償だから、経済行為としてではない、死に関する観念と慣習（特別視、忌避・ケガレ観）がそこに作用していたと考えられる。そして近世には、おおむね法制度ともされていった。

斃牛馬処理の経済的意味と扱いの変化

職場、草場の権利は長吏・かわたの間で質入れ・売買された。

旦那場・勧進場の売買について、一九七六年に三浦圭一が、和泉国鶴原嶋村の天文十九年（一五五〇）の「タンナ（ン）」（旦那）売券、弘治四年（一五五八）の「タンナン」売券を紹介し、分析している（三浦一九七六）。三浦は、前者にある「イリハ」（入場）と後者にある「ススメノハ（勧めの場）ともに」の文言に着目し、斃牛馬処理の場から勧進廻りの権利の場がすでに分化しつつあった、と論じた。三浦の旦那場研究は早く、呪術的性格への注目や社会的分業の中での位置の検討などを含み、特筆すべきものである。

斃牛馬処理権は物件化し売買されたが、その経済的価値は大きく、長吏・かわたにとっては、農民の土地の質入・売買にも比されるほどの重みを持った。そして、売買によって次第に職場・草場を集中する者が現れ、近世中後期には、個別地域をこえて近隣の長吏・かわたとの間で、質入・売買されるケースも増えてきた――第一章の大熊論文では、武州川越の広谷三ケ村の職場日割帳が示す整然とした分割は、売買によって錯綜していた旦那場所持を、長吏集団内で再整理した姿ではないかと、推定している。

なお、後述する土佐や信濃などの場合でも、旦那場の質入・売買は進展していた。ただし皮取場としてでなく、信濃でいえば「一把稲《いちわいね》」を取得する、土佐でいえば「一升物」を受け取り、同時に警備・見廻り等の役割を担う場として売買された。つまり狭義の勧進場が規定的であったのである。

斃牛馬からは、次第に様々なものが採取され活用されるようになったと思われる。皮や肉以外の部位（西日本では「小間物」「小道具」などと呼ばれた）も活用されたのである（明治中期のものだが、参考までに、その一覧を次頁に示そう）。

例えば牛馬骨は肥料として利用された。近世後期には、薩摩が九州、中四国、近畿などから骨を買

皮革分類表（占部豊次郎「大阪西濱村の沿革と産業」〈月刊『商業資料』1895年〉より）

- 皮革
  - 牛馬皮
    - 西洋模造製革（略）
    - 毛抜皮
      - 裏革
      - 太鼓皮
      - （昔時甲冑を製せしはこの毛抜皮なり）
    - 鞣革
      - 播州製
        - 越鞄（花緒、袋物、皮文庫等に用ゆ）
        - 張木地（花緒、下駄掛、袋物に用ゆ）
        - 牝牡沓鞄　農人の沓用、昔は馬具に用いしも今はなし
      - 池田製
        - 牛薄造鞄　花緒、袋物等に用ゆ
        - 馬皮鞄　同
  - 小獣皮
    - 狐皮　敷物に用ゆ
    - 熊皮　同
    - 狸皮　走り毛は製筆、毛を去りし殻は支那人*の服用
    - 鹿皮　鞄として花緒、袋物、足袋等に用ゆ
    - 貂皮　服用
    - 獺皮　同
    - 猪皮　農人の沓用
    - 豚皮　鞄して軍鞍に用ゆ
    - 狢皮　支那人*服用
    - 犬皮　鞄して花緒等に用ゆ、又毛抜皮晒皮は三味線皮とす
    - 猫皮　三味線皮用
    - 兎皮　帽及服用
  - 附属物
    - 爪
      - 牛爪　櫛、笄、釵、各種釦に用ゆ
      - 馬爪　櫛、笄等に用ゆ、上等のものは瑇瑁《たいまい》に擬す
    - 骨
      - 肢骨　傘の柄、煙艸入の筒、齒楊子の柄、其の他に用ゆ
      - 肋骨　算盤の桁に貼る（単に牛骨と云う）
      - 雑骨　日向薩摩の肥料となる
    - 角
      - 水牛角　印材等に用ゆ
      - 牛角　傘の柄、笄飾等に用ゆ
      - 鹿角　煙草入の筒、傘の柄等に用ゆ
    - 毛
      - 馬鬣毛　各種の刷毛に用ゆ
      - 馬尾毛　朝鮮人の帽飾、製紙の簀等に用ゆ
      - 白馬毛　製筆に用ゆ
      - 狸毛　同
      - 牛毛　毛布等に用ゆ
      - 鹿毛　眉刷毛ならびに刷毛に用ゆ
      - 豚毛　齒楊子ならびに製靴に用ゆ（針に代る）
    - 筋
      - 牛脊筋　唐弓弦に用ゆ
      - 牛足筋　支那人*の食用
      - 鹿筋　同
    - 牛馬脂　機械の滑車に用ゐる　蠟燭を製す
    - 中皮　袋物の裏等に用ゆ（牛の腹皮を晒せしものなり）
    - 皮屑　膠の原料なり
    - 牛鞭　支那*の食用（牛の生殖器を乾燥せしもの）
    - 牛膽　薬品
    - 牛黄　牛の肝中に在り、薬品
  - 舶來皮革（略）

（*「支那」「支那人」という呼称は中国・中国人に対する蔑称として使われたが、歴史的資料であるので原文のまま引用した）

いつけ、さらには、朝鮮から対馬を経由して大坂渡辺村に骨が輸入され、薩摩に売られたことも知られている（塚田A九二）。薩摩は、水車で砕いた骨粉を使って火山灰性大地を中和して菜種などの栽培を促進し、藩の特産品、財源とした。

馬の蹄《ひづめ》は、玳瑁《たいまい》からとる鼈甲《べっこう》の代用品として重用されており、「大磯助左門文書」からも、良質なものは高価で売られていることがわかる。

関西では、肉がかなり売買されていたとも指摘され（のび一九九八）、食肉のための牛の屠畜も近世初期にさかのぼることが史料からうかがえる。

近世後期の近畿や相模では、旦那場が、（斃牛馬一頭まるごと取得でなく）皮、骨、尾など特定部位を取得する権利に分割されて売買されるようにもなっていた。経済的契機が強まっていったのである。

牛馬の解体と、そこから採取されるものの利用・販売は、権利を持つ者に相当の収益をもたらすものであったのだが、斃牛馬の飼主からの移転は無償で、しかも受け取る側の仕切りでなされた。こうした関係は〝純粋な経済関係とは異質な性格〟を持ち、別の論理が働いていたというべきだろう。

このようにいうと、一つには、特に「死」にかかわっていることから、死穢とキヨメ（清め）の関係に単純化して意識され易い。しかし旦那場・勧進場の関係は、後述するように様々な芸能民・民間宗教者に共通しており、死穢のみならずケガレ・キヨメの関係にも納まりきらない。筆者らはむしろ、それを、領主・支配者や百姓・町人の日常世界とは、区別された宗教的・呪術的な世界にかかわる論理として把握したい。文化人類学、中世史などで用いられる、「境界領域」の語がより適切だろう。その一部として、「ケガレ」として忌避される関係があったと考えている。

念のためにいうと、ここでいう〝境界〟とは、基本的には人間界の外、人の統御し難い大自然・大宇宙との境界を指す。人は大自然に働きかけながら生産し生活するが、そこに人智を越えた力を見、宗教的・呪術的な営みが随伴した。本稿で扱う芸能はまさしくそうした宗教的・呪術的な営みであった。なお最も一般的な農業などは、大地の表層（人間化した自然）を使うもので境界領域とはされない。それでも神を祀りつつ営むものであった。

さて、もう一つ斃牛馬処理における関係を、捨てる・拾うという関係、と見ようとする見解が、あった――この見解も通常の〝経済関係とは異質な関係〟を見ている――。この見方は勧進廻りを単に物乞いに過ぎないとする見方につながっている。〝物乞い〟との見方は今なお一方の有力説としてあり、無視できない。だが史実をみると、旦那場関係は単に捨てる・拾うということではないので、この説は事実と矛盾し、成り立たない。これについては、後の峯岸賢太郎の所論を検討する部分で具体的に述べることにしよう。

さて、時代の変化の中で、斃牛馬の経済的価値が重視されるようになり、旦那場制の動揺も始まる。注目すべき変化の一つは、老牛馬や病牛馬が安値で売買される事態が現れたことである。飼主からすれば、斃死して〝無償譲渡〟となる以前に（安価でも）売る選択であったが、老牛馬や病牛馬の効用としては堆肥をつくることぐらいだから、実際には何度か転売された後に、結局は屠畜されたとみられる。安値での売買が広がる背景には、最終的に屠畜して皮などを採取することがあったろう。そこに一般の博労《ばくろう》（馬喰、伯楽とも書く）に混じって、「かわた博労」あるいは長吏の「目利《めき》き」（鑑定人）が関与していた。「場主」ではない（斃牛馬無償入手の権利を持たない）長吏・かわたが、若干の対価を払って老牛馬や病牛馬を入手するという別の回路をつくりだしていたのである。それは、斃死して無償となる前に安値でも売る、という飼主側（主として百姓・町人）の行動と対（〃共犯関係〃）をなして広がっていった。

老牛馬や病牛馬が規定の旦那場外へ姿を消すのだから、それは、斃牛馬処理のシステム、旦那場制を、〝死ぬ前の売買〟という経済行為によって掘り崩す事態にほかならなかった。こうしたかわた博労の活動が、かわた村上層部の場主層と対立しつつ進展する大和国の状況を、吉田栄治郎が詳細に分析している（吉田一九九四）。関東でも、他部落の旦那場に来て老牛馬や病牛馬を安値で買い取ろうとする和田村（現熊谷市）長吏の行動に、下和名村（現吉見町）の長吏が抗議し浅草の弾左衛門役所に訴えた十八世紀初期の事例が鈴木家文書に見られる（藤沢二〇〇三）。弾左衛門は配下に博労渡世を禁じたが、それはこうした事態の蔓延《まんえん》で、幕府の禁制を侵すのみならず、旦那場制が掘り崩されていくことを恐れたからだと思われる。弾左衛門役所の規制に対し、長吏たちは馬の目利と名分を変えて営業した。

なお、長吏・かわたは、斃牛馬だけではなく、牛馬の治療（医）や売買など、早くから生きた牛馬にも深くかかわっていた。また食肉を屠畜にふれると、近江などでは藩の承認（黙認・奨励？）のもとに近世初期から牛の屠畜がされていた――彦根藩は干肉や味噌漬肉を贈答品としていた。

さて、斃牛馬の取得・帰属をめぐっても、違う主張が長吏・かわた集団の中から出始めた。牛馬が斃れた場所ではなく、飼育されていた場所で取得者を決めるとの主張である。

安永三年（一七七四）、阿波（徳島）の板野郡川端村の旦那場内での斃牛馬の引き取りに、飼主の居住する大寺村のかわたが異議をはさみ、争論の結果、斃死した場所から飼主が持ち帰った場合は、飼われていた場所を草場とするかわたに斃牛馬が帰属することに、かわた仲間の取り決めが変更されることになった（『徳島県部落史関係史料集』）。複数の地区のかわたがそう主張した結果である。

争論は長吏かわた集団の内部で交わされていた。牛馬飼育が盛んな地域を旦那場に持つ長吏かわたが、飼育された場所で帰属が決まることに、経済的な利益を求めた結果だろうと考えられる。

二　長吏の旦那場の多面的構造

下場が規定的でない旦那場の存在

さて、三浦圭一が「勧めの場」の分離を指摘し、前圭一が「お貰い」「入稼」に言及したように、旦那場・勧進場の二重化は知られていたが、主要にはなお、斃牛馬処理の場という側面から研究が進められていた。この点を信濃の実態を踏まえて正面から批判し、修正を迫ったのは、斎藤洋一の研究であった（斎藤二〇〇四、二〇〇五）。また、それに先立つ一九八〇年に、土佐における旦那場・「郷《ごう》株《かぶ》」に関する秋澤繁の研究（秋澤一九八〇）が発表されたが、そこにも、同じ論点が含まれていた。

まず、秋澤によって土佐にふれると、藩内二四部落が「郷株」を持っており、それは、基本的には、牢番や城下の掃除を担う仕切りであり、また「一升物」を貰い受ける権利の場であった。その権利は地域・集団内で分割されており、売買・質入れもおこなわれた。「郷株」が旦那場の特徴を具備していることが報告されたのである。領分を越えて「郷株」を売買しているケースもあった（秋澤一九八〇）――その意味は後述する。

なお秋澤は、政治起源説にのっとって、郷株を牢番役の反対給付と考えていたが、筆者らは、逆に、旦那場の所有者が役を負担・分担する関係、であると解釈する（この点も後述）。

斎藤によると、信濃では旦那場は主として「一把稲」取得の場、「見廻り・警備」する場として意識され、そうしたものとして売買・質入れされてきた。つまり上場が規定的だった。それは、本書九〇、九一頁の慶長三年（一五九八）の史料に「前々の如く」とあるように、戦国期以前にさかのぼる慣行が近世権力によって安堵されたものである、と解された。

なお、斃牛馬処理との関係だが、秋澤も斎藤も、斃牛馬処理もこの旦那場のうえでおこなわれたろうと推定した（つまり下場も同一）。だが共に、その点を明確にする史料は見いだせていないということである。

他領の長吏・かわたが牢番役を務める！ ——牢番役負担者は旦那場で決まる

城下町や幕府領の陣屋、代官所などに設けられた牢の番役を、他領・支配外の長吏・かわたが務めるという場合があった。こうした事例が、いくつかの地方から複数報告されてきた。それは領主支配の論理ではおよそ理解し難い実態である。〝古い領域〟の残存ではないかとの疑問が表明されたこともあるが、決して例外や一時的な事態ではないことも明らかにされてきた。それによって、秋澤の議論にもある〝牢番役の反対給付として旦那場の権利を付与する関係〟という理論の間違いも鮮明になる。この場合、領主からすれば支配外の長吏・かわたであり、そうした関係はありえないからだ。

関東では、忍《おし》城下（現行田市）の牢番を支配外の箕田の長吏が務めることを文政六年（一八二三）に再確認した事例を塚田孝が分析した（塚田一九八五）。また現愛媛県の小松藩のかわたが小松藩の牢番役を務め、西条領のかわたが小松藩の掃除役を務める事例を、高市光男が紹介し、領内を「檀那場としていたものであろう」と推定した（高市一九八三）。塚田は、そこから、後でふれる「職場」の論理を導き出し「「仲間式法」すなわち賤民組織の秩序そのもの」とした。高市は、かわたの展開が近世領主制に先行すると論じた。

斎藤はこの点を長野県で追求し、塚田正朋、尾崎行也、湯本軍一ら長野県の研究者がすでに言及していた事例に、いくつかの事例を加えるとともに、その論理を解明した。

まずその事例を列挙すると、⑴上田藩の牢番（塚田正朋）／⑵幕府領田野口村の牢番（尾崎行也）／⑶奥殿藩の牢番（尾崎行也）／⑷幕府領中野陣屋の牢番（湯本軍一）／⑸飯山藩の牢番（樋口和雄）／⑹甲府徳川領の牢番（斎藤洋一）／⑺上田藩の牢番（坂井康人）、などが挙げられる（斎藤二〇〇五、ならびに本書第二章参照）。

一部は以前から指摘され、峯岸賢太郎も⑷の湯本の研究に言及し注目していた。いずれも信濃国の事例だが、こうした関係は信濃に限られるわけではない。先にふれた武州忍藩の事例は、領外の箕田の長吏が忍城下の牢番役を務めているのに対して、領内の小見村、熊谷宿の長吏が牢番を務めさせるよう要求したが、長吏集団からも領主からも拒まれてしまった、というものである。関東だけでないことは、高市の研究が示している。

そうした領主支配の論理では考えられない事態が、〝領内あるいは城下町に旦那場を持つものは、牢番役を負担すべきである〟という長吏集団の旦那場の論理で律せられた結果であることを、斎藤は史料からも明確にした。例えば、牢屋が置かれていた田野口村の村名主ら二一人が「牢番の儀、御領内に旦那場持ち申し候えば、牢番相勤め申し候」と明快に述べた元禄十四年（一七〇二）の文書もある（本書第二章）。忍藩の牢番のケースでも、この点は同様に、〝箕田の旦那場があるゆえ〟と言明されていた。

高市が最初に明らかにし、忍藩でもそうした状況があることが意識されていたが、信濃では旦那場が領分を越えて存在した場合が広く見られ、上記のように多くの事例が確認されたのであった。

牢番の人的配置・分担は、旦那場のうえでなされていた。長吏・かわた集団が担う役負担が、そうした旦那場所有を基準に分担されたわけである。ここからは、〝旦那場は牢番役の反対給付〟という秋澤の理解とは逆だったことが明確になる。高市は、旦那場の編成は領主制に先行すると論じたが、それだけでなく、領主支配の論理とは別の旦那場の論理が、城下や陣屋に設けられた牢の番役にも貫かれた点こそが、重要論点であろう。

見廻り・警備と旦那場

長吏・かわた、非人が見廻り・警備を担った範囲も、この旦那場村々であった。この役割は、関東では長吏の支配下にあった非人によって担われる場合が多かったが、非人が地域を廻る際は、同時に、馬捨場に斃牛馬が出されているか否かも見極め、出されていれば、その日の権利を持つ長吏に連絡して斃牛馬を処理したのである。前橋北部の農業用水（天狗岩用水）の水番を長吏が一手に担った植野村（現前橋市）の事例を見ると、用水路も同じように、見廻り点検されていた（『群馬県被差別部落史料』二〇〇七）。

地域の見廻り・警備は、関東では、日常的には村・村役人との関係で担われていた。東日本では、場合によっては城下町の一部でさえ武士は町の日常的な警備等には関与しなかった。だが西日本では、大阪の非人が大阪奉行所の役人に同道して地域を廻ったり、四国などで藩役人に同道してかわたが廻っていたケースが知られる。こうした事例も含めて、巡回の範囲は旦那場によって決められた。

それとは別に畿内の村々では、流入する非人の番をする「非人番」を村民の下層から任命する（村抱え的な）動向が広がったが、大坂のいわゆる四カ所非人（天王寺、飛田、道頓堀、天満）などの方は、非人番を配下に組み込もうとしてそれに対抗した。

なお、「賤民」が渡守を担った所（越後など）をみると、旦那場内の利用者からは料金を取らない形であり、「賤民」には旦那場村々から「つなぎ米」が出され、勧進権が認められていた（佐藤泰治一九九〇、九二、九四）。

長吏・かわた、非人らの警備・見廻りは、かつての研究では「警察の下部機構」などと規定される傾向があったが、現実には地域社会との関係の方がずっと濃厚であった。支配階級たる武士は城下町に集住し、在地は村請・町請にならざるをえなかったからだろう。

だが、幕府や藩の関与の差異にかかわらず、警備・見廻りは旦那場慣行のうえで担われたのである。

このように、長吏・かわたの主要な活動の仕切り方を見てくると、旦那場は、職場（斃牛馬処理）だけでなく、さらには芸能や勧進行為（狭義の勧進権の一部）を加えればすむのでもなく、旦那場で遂行される「関係行為」（峯岸）がより多様なことが判明する。また牢番の事例からは、明確に領主権とは別の範疇にあることが確認される。

いいかえれば、領主階級も百姓・町人ら平人も、斃牛馬処理のみならず刑吏や捕吏の領域にも踏み込み編成しようとはしなかった。ゆえにこれらの領域は、かかる忌避において歴史的に被差別の営みと刻印された、とはいえる。しかしながら、これをその営みの本来的性格と解し、〝人の嫌がる営み・仕事〟などとする見方は、非歴史的な見方であろう。さらにいえば、それは差別的観念への無批判な同調ではなかろうか。

さて、草履や雪踏の販売地域も旦那場で律せられたことには先にふれたが、他に、上州植野村で馬の目利きに従事した八兵衛が、植野村の旦那場一三カ村を得意としていた事実もある。旦那場・勧進場の仕切りは、長吏の専業全般に関係し、広く及んでいたのである。長吏と「平人」の関係は（一般的な仕事を除く）専業の分野では、旦那場・勧進場という形式を基本にして律せられていた、といってよかろう。

それに対し、近世後期には、長吏集団の内部や相互関係で、〝自由な〟商業的売買（〝入込《いりこみ》〟などと表現されている）と旦那場の古法のどちらを取るべきか、製造販売する品、仕入れ品ごとに、様々に争われるようになっていく。

集団編成と勧進の意味

斃牛馬処理の権利は分割され、その所有者は「場主」と呼ばれ、場主が一人前の長吏・かわたであるとされていた。権利を持たない者を「水呑」と呼ぶ場合もあった。先に「職場年貢銀」で見たように、職場所有は長吏・かわた集団の編成に基本的意味を持っていたのである。

ところが、地方によっては、斃牛馬処理以上に、警備・見廻りや牢番・刑務の方が、重要な意味を持った地方もあった（信濃、土佐など）。「上場」が規定的だったのである。これを意識すると、旦那場制は斃牛馬処理だけでなく長吏・かわたの他の専業にも広くかかわり、周辺の村・町との関係がこの場で取り結ばれていたといえる。集団編成は、職場・斃牛馬処理制でなされていたというより、旦那場制でなされていたという方が的確である。

さて、一九七〇年代から八〇年代初頭にかけて、主として鈴木家文書の研究を足場に、旦那場の固有のあり方と長吏・かわた集団の社会的位置・性格とを論じた論者に峯岸賢太郎と塚田孝がいる。

峯岸賢太郎は、旦那場の所有を「関係性の所有」と表現し、長吏・かわた集団のあり方を、旦那場・勧進場を共有する集団として、明確に把握した。峯岸は、長吏・かわたを「勧進の人」「勧進身分」と、その集団を「勧進共同体」と把握しうるとした（峯岸一九九六、初出一九八六、八九）。それは、長吏・かわたの専業全般に「勧進」を見いだし、その性格を問う議論として初めてのものであった。筆者は、きわめて重要な提起と評価している。

だが、その「勧進」の内容を見ると、斃牛馬は、捨てられたものを拾うものであり（「斃牛馬取得」と概念化された）、勧進廻りについても「宗教性は外皮」であるとされた。峯岸の「勧進」とは、本質的には物乞い・乞食の類いを意味していた。筆者は、こうした勧進の理解は当を得ていないと思う。なぜなら、斃牛馬の場合、飼主は、長吏・かわたの仕切りで縛られており、単に捨てるものではない。「布施」「片付け料」などを付ける場合もある。そこにあるのは、死の忌避と処理・葬送の委託・依存の関係である。

塚田孝は、鈴木家文書の研究を通して、「領主支配の論理」とは別の「職場の論理」で動いていることを見いだし、それは「仲間式法」＝賤民組織の秩序そのもの、だとした。ところが塚田は、「身分集団」論を介して、それは「高支配」と異なる身分支配の論理だとした。「職場の論理」は、弾左衛門（「身分集団」）を通して畢竟は幕府支配に帰せられたのである（塚田一九八七）。

塚田は「領主支配の論理」の外部に立つ旦那場の論理に注目し、ひとまず「職場の論理」として取り出した。しかし、弾左衛門支配を通して幕府支配に帰する、という「身分支配の論理」という論法によって、旦那場、「職場の論理」の内実を問い、その集団の内部編成や、外部との関係に、その意味を深く追求する道を狭め閉ざしてしまった、と筆者には思える。「職場の論理」を見極めようとする姿勢は、後の「身分的周縁」論にはまったく見られないからだ。

後に塚田は、弾左衛門支配下の櫓銭取得の事例を検討し、それはアウトロー的な権利主張に過ぎないと論じた。近世中後期に櫓銭取得が否定的に扱われるようになり、幕藩権力も否定していく動向になるが、塚田は、櫓銭取得の権利など歴史的には存在しないと論じた。

だが問題は櫓銭の取得権に留まらない。斃牛馬処理権も、牢番役の配置も、旦那場によっているから、同様に歴史的な根拠を持たないものに括られる。さらに後に見る様々な芸能民・民間芸能民の生業・活動と、その旦那場も歴史的根拠を持たないものとされてしまう。

塚田の「アウトロー」（支配体制によって公認されないもの）の意は、後に「身分的周縁」の語に込められ、〝常に支配者の公認を求める〟もの、と「論理」的に位置づけられたと推定される。「身分的周縁」論から、旦那場（論）が締め出されたのは、旦那場関係のあり方が、こうした理論と相いれないからだろう。

「身分集団」とその「職場の論理」は、より徹底的に幕府支配の観点からのみ裁断されるに至るのである。塚田の研究で検討されてきた個々の事実（忍藩の牢番など）と後段（旦那場に一切言及しない「身分的周縁」論）との開差は、この辺りに孕まれていただろう。

本書では、被差別の諸集団の共通の特徴である旦那場所有の意味を追求する。そこで峯岸や塚田の仕事の積極的な意味を生かしたい（次節を参照）。

さて、民間宗教者や芸能民の持つ旦那場・勧進場との共通性を、初めて強調したものとして、山口啓二の報告がある（山口一九八五）。『東松山市史』の研究・編集（この作業に塚田孝も加わっていた）を経て、地域における修験など民間宗教者のあり方をふまえて、両者の同質性を問うたものであった。

筆者は、この提起を、勧進を「物貰い・乞食」とは違う技芸（宗教性を帯びた職能）として把握する視点において注目し評価する。こうした宗教的な世界への視点は、三浦圭一も着目しており、網野善彦の問題提起にもつながる。

この報告を峯岸は、一つには、〝網野理論である〟として、もう一つには〝差別を軽視している〟として厳しく批判した。山口が「穢多」とそのあり方を職人・民間宗教者・芸能民の領域に解消しようとした、と解したからだろう。その批判は、同時に、峯岸の勧進論（物乞い・乞食）、差別論を浮かび上がらせる。峯岸は渡辺広の研究を踏襲すると表現しているが、理論的には中世史の黒田俊雄の非人論（〝社会的総生産の外〟）や「非人」の乞場の理解にかかわってくるだろう。

勧進の理解、旦那場の理解をめぐる理論的な違い

さて、理論的な違いにかかわる点を、ここで述べておきたい。次節の論述（民間宗教者・芸能民）を前提にしている点があるが、前項との関係でここで記すことにする。

本書は、旦那場・勧進場の権利の背景に、その営みが境界領域にあり、宗教的・呪術的なものと見なされていたことがある、と論じている。ところが、これとは基本的に違う理論が存在した。端的にいえば、芸能者や民間宗教者などの勧進者を本来的に乞食と見る学説である。また、長吏・かわたの斃牛馬処理を本来的に〝人の嫌がる仕事〟と認識するものであった。

峯岸は、中世非人を体制外の「身分的身分」とする黒田俊雄に近い立場をとり、斃牛馬処理は、捨てたものを拾う関係に過ぎないと見た。この点に過誤があるとの私見・批判は既に述べた。また塚田の議論には、黒田理論の権威主義的側面が強く作用していると思われる。

さて、中世に貴族や仏教僧から〝濫僧〟と呼ばれる人々が現れてくるが、こうした人々を、宗教者ではなく単に身すぎのために宗教者を装っている者とする見方が、その当時既に存在した。芸能民・民間宗教者とその勧進をこのような視点で見ると、あるいは「はじめに」で述べた近世中後期の社会観念から見ると、本質的に乞食・物乞いであるという評価になる。この立場は、中世史の黒田俊雄の学説（黒田一九七二など）などにリードされ、今日なお強い影響力を持ち、無視できない。

上記の如き見地からは、旦那場に関する被差別民の権利は、何らかの歴史的根拠を持つものではなく、体制外の者が、体制外の営みに、いわば既成事実として設定したもの（不法占拠？）、アウトロー的なもの、と理解されることになる。黒田学説の内にあっては、中世畿内の宿非人の葬送も、河原者の斃牛馬の解体皮剝ぎも、人が嫌がり・従事しない領域に「二次的」に形成した職掌に過ぎないとされる。またその権利も、体制外、正当ならざるものと否定的な評価を受け、旦那場やその権利も同様にみなされる。しかるに旦那場とその権利のあり方は、次節を含めて考えると、相当な広がりをもって存在したことがわかる。その実態やあり方からすると、これを体制外、アウトロー的なものとする見方の方がむしろ再検討・批判されなければならない。本書ではそう考えている。

民間宗教者・芸能民についてみると、近年、塚田孝らによっていわゆる「身分的周縁」論が唱えられ、「シリーズ近世の身分的周縁」（塚田孝ら編一九九四および二〇〇〇）では、多様な芸能民・民間宗教者のあり方が相当詳しく叙述されており、注目されている。ところが、これらの著書では彼らの営み・活動の場である旦那場・勧進場に関する論述はまったく無い。

塚田のいう「身分的周縁」の中に長吏・かわたも入れ、その旦那場をかつて「職場の論理」、「仲間式法」＝賤民組織の秩序そのもの、と論じて重視した。また民間宗教者の旦那場についても積極的に論及した。これは先記の『東松山市史』の仕事にも関係している。その塚田が多様な芸能民・民間宗教者の旦那場に一切ふれないのは、まことに奇妙な特徴といわねばならない。旦那場論の欠落は意識的なもの、旦那場論を回避あるいは排除する選択をした、と判断せざるをえない。

「身分的周縁」論では、「周縁社会」にある者は常に「政治社会」に公認を求めようとするもの、と論理化されている。（公認されざる）「周縁」とは、言い換えれば体制外である。塚田が、かつて、長吏・かわたが櫓銭を取る権利をアウトロー的なものと論じたことが想起される（「身分的周縁」とは、「アウトロー」の〝精緻な〟？　言い換えと拡大ではなかろうか）。だが、歴史上広範に現れていた旦那場・勧進場の慣行と権利を、そのようなものと見なしうるだろうか。筆者には、支配や支配的秩序に価値基準をおくことを当然視する権威主義的な見方のように思える。芸能民・民間宗教者などに安易に「周縁身分」「身分的周縁」などの語を充てているケースを散見するが、上記のような見方での「身分的周縁」としてよいのか、その点が大きく問題となろう。

旦那場・勧進場に関する検討は、長吏・かわたや芸能民・民間宗教者の社会的営み・活動（生業、文化的活動、役割）の性格と意味を問うものである。それは、彼らの社会的位置、歴史的性格に深く関係し、差別の問題にも関係してくる。本書は、旦那場の具体的あり方を通じて、こうした点の解明にアプローチしようとするものである。

さて、旦那場に対する見方の、もう一つの理論的傾向にふれると、旦那場は役負担の反対給付として領主・権力から与えられたもの、と見る議論があった。具体的な実証論証はなく、近世政治起源説による見方・議論に過ぎないが、なおその影響は皆無ではない。

旦那場所有と公役負担とには確かに対応関係があるが、事実は前記の議論とは逆の形であった。〝旦那場所有者が役を負担する〟という論理が、長吏・かわたの「仲間式法」として存在したのである。それは研究の進展で明らかになった（本節末の史料参照）。

「賤民」の旦那場所有の普遍性

ここまで概観してきた長吏・かわたの旦那場所有のあり方は、長吏・かわた以外の「賤民」にも共通して見いだされるのだろうか。また、それは関東や近畿などに限られるのだろうか、それともまた全国に普遍的であろうか。その二点について、補足的に述べておきたい――詳しくは、本書末に記した参考文献・論文、あるいは筆者の「旦那場・勧進場に関する研究ノート」（藤沢二〇〇五）を参照願いたい。

まず、長吏・かわた以外の「賤民」の旦那場所有について見る。

加賀・越中の「藤内」――藤内頭の書上げの中に「右藤内共御郡方村々をあい廻り、非人しまり方、あるいは賊等召捕申す儀、もっとも藤内頭共人々旦那場所切々あい廻り、右締まり方仕り候。もっとも村々より草高千石に一石の割合を以、米・麦・たいとう等受納仕り候」（『異部落一巻』）とある。

鳥取・島根の「鉢屋」――「穢多・鉢屋共は元来村々を旦那かへと致し、托鉢同様勧進にあい廻り、……折々村方あい廻り悪徒もの等徘徊仕り候得は、追払い仕り……」（鳥取『在方諸事控』）とある。また出雲の鉢屋の貴重な内部文書が残されており、そこでは、一六カ村を列挙して「私抱旦那様」と記され、牢番の鉢屋の家の修繕にあたり「旦那所」村々から合力・助成を求めた文書が多数ある（藤沢秀春一九八六）。

備中の「茶筅」――浅口郡大嶋村の茶筅の「年行事」家（取次役とも）の史料には「素袍帯刀の儀……年頭彼岸等に回檀の節着用せしめ候段……」と、檀家廻りを年三回は素袍帯刀《そほうたいとう》（白いうわぎを着て刀をさして）ですることを述べ、「銘々持場旦家より施物を受け候冥加奉納のため納め致すべき事に候間《あいだ》……」とある。同家に残された一八〇二年以降の檀家売買文書によると、地域単位で旦那場として売買されている（菅根一九九〇）――なお、備前から備後にかけて「茶筅」は葬送に関与していた。

以上の事例からは、長吏・かわたとほぼ同様なあり方を確認しうるであろう。

次に全国的な広がりについて述べる。

東北地方で、旦那場所有が史料で確認できるものに、仙台藩のかわた（皮師）とその支配下にあったとされる「癩人」がある。仙台藩のみならず、福島藩、相馬藩でも「癩人」と呼ばれた人々が、関東での非人のようにかわたの下につけられ、見廻りや皮剝ぎに従事した。詳しくは、仙台藩については鯨井千佐登の研究（鯨井二〇〇四）、福島藩、三春藩については大内寛隆の研究（大内一九八五）を見られたい。また会津における旦那場の存在は横山陽子の研究（横山二〇〇〇）で明らかにされている。なお、弘前藩では乞食頭・長助配下の乞食や芸能民が勧進をしていたことはわかるが（浪川健次二〇〇六）、その場所的仕切りについては史料が得られていない。秋田藩でも、「在々より籠米と名附、家壱軒より玄米壱升宛取立て……」と勧進権を示す史料はあるが（金森一九九二、初出、一九八四）、旦那場そのものを示す史料は得ていない。共に警備や見廻りも担っており、旦那場があったのではないかと考えているが、史料的に明確にするのは、今後の課題である。

次に、西南の九州方面について記しておく。

薩摩では、天明四年（一八七四）年に「しく」（「死苦」「四衢」とも）を幕府のいう「穢多」とみなすと決めた。しくは斃牛馬処理にも一定展開していたようで、『荘地理志』は「死牛馬支配所」を七十数カ所挙げている。その売買事例もあるから、旦那場の権利があったものと判断できる（松下一九八五）。この地特有の「慶賀」の旦那場については史料が得られていない。

肥後では、大塚正文、樋口照幸などの研究で、「請持場」「旦那村」などと表現される、斃牛馬処理の旦那場の存在は明らかにされてきた。細川氏が肥後へ入国した直後の一六三四年に出した文書に、「在々に死に候牛の皮、その主に遣わされ候間、その主取り申す儀、かはたにはがせ申すべくも、その主勝手次第……」とあり、注目されてきたところである。実態としてはかわたが斃牛馬処理を担い続けており、この文書は、かわたに皮役設定をしないこと、したがって斃牛馬処理に関して藩は不介入との立場を表明し、牛（馬）の飼育を奨励しようとしたものと解される。

さて旦那場の存在が最も不分明なのは、北九州、とりわけ博多藩などであった。部落内史料が出ていないため、斃牛馬処理のあり方も明確にはなっていない。

しかし、小倉藩については、柴田光雄が仲津郡の「長井手永大庄屋日記」（一七九七〜一八七一）を素材に「芝」と呼ばれた旦那場のあり方を報告している。芝の売買があったことも確認できる。なお小倉藩の特徴として、ある段階から、旦那場内でも斃牛馬の引渡しが有償となっていることが、報告されている（柴田二〇〇四）。

最後に、松下志朗が紹介した久留米藩の旦那場の譲り状を示す（松下一九七九）。

史料　永代譲り渡す旦那場の事

判）御井《みい》郡

一　太郎原村　役高　一村　二合五勺　木塚郷

判）竹野郡　　一ケ村七合五勺の内

一　麦生村　　同　　八合五才　　東牧郷

〆　　二ケ村　（一升）一合二夕五才

右の旦那村、別家家督として永代譲り渡し申し候ところ、実正明白なり。しかる上は当未年より諸公役・諸貫銀などの儀は、そのもとより相い勤め申すべく候。もっともこの旦那村に掛かりもうとう障り等これなく候。もし万一何かと（申す）者これある節は、本人はもちろん、請人より取り捌きつかわすべく候。よって後日のため家督別永代譲り渡し証文、くだんの如し

弘化四未年

十二月　　　　譲り主　小右衛門　㊞

受け人　十次郎　㊞

新屋敷　　長次郎殿

右の通り、聞き届け相違これ無く候、もっともこの証文は一人きりにござ候、以上

同日　　　小川十次兵衛　㊞

久留米藩物長吏頭・小川十次兵衛の叔父・小右衛門から息子の長次郎へあてた譲り状である。この文書では、旦那場を譲り受けた者が公役を負担するという関係が、端的に記されているのが注目される。また、ここでも旦那場を規定したのが斃牛馬ではなかったことが推定される。

具体的な地域実態の解明を、さらに進めなければならないが、「賤民」の活動における旦那場関係の普遍性は、とりあえずおさえうると、筆者は考えている。

三 民間宗教者・芸能民の旦那場

近世社会には、多様な芸能民と民間宗教者がいたが、部落史研究では、時に彼らを「賤民」「(近世)部落」として扱う場合があった。しかし厳密には、ほとんどの場合、身分制度上は「賤民」ではなく、局面により宗教者の処遇を受け、百姓・町人に入れて扱われる場合が多かった、いわば半僧(聖)半俗である。その一方で、しばしば〝穢多非人同然のもの〟といわれ、地域社会で差別を受けた。近世後期には、地方などにより差があるが、次第に、宗教的存在ではなく俗人の下層、という扱いになっていく。

この芸能民・民間宗教者にそれぞれ固有の旦那場・勧進場があったことは、なにがしか知られていたが、その点を正面から取り上げた研究は、部落史でも芸能史でも少ない。

そこで、本節では、彼らの旦那場と「賤民」の旦那場はどんな関係にたつのか、同種なのか、異質なのか。そこを述べることとしたい。その際、先行研究も少ないので個別事例を示し、(やや総論にはそぐわないが)何がしか具体的に述べていくことにした。事例も、地域や時代がアトランダムになるが、あらかじめご容赦をお願いしておきたい。

舞々・舞太夫、神事舞太夫の旦那場

舞々・舞太夫は、戦国期には、曲舞《くせまい》・幸若舞《こうわかまい》を舞うものとして、北陸、三河、相模等をはじめ多方面に存在が確認できる（幸若舞は戦国大名などに愛好された）。彼らは関西の声聞士や東海の院内と同種の民間陰陽師集団だったが、近世には神楽や祈禱などを担い、大黒札、絵馬などの配札にも従事し、関東では、浅草田原町の頭に統率されて習合神道・神事舞太夫と称する一派をなし、また梓巫女を配下に持った（近年の代表的な研究として、林淳、橋本鶴人のものが挙げられる。概要は筆者の小論〔藤沢一九九九〕を見られたい）。信州でも多くの神事舞太夫の存在が確認され、弥津村には「ののー」と呼ばれる巫女が多かった（長岡一九五八）。

旦那場に関する事例として、武蔵国蓮沼村（現川口市）の神事舞太夫が、旦那場十カ村の内の風渡野村（現さいたま市）で一七二九年に、絵馬の配札を拒まれ、幕府に提訴した件がある。争論は評定所で裁かれ、裁定では「古来より旦那場に紛れ無し」として閉め出しは許さず、ただし「家並一升」は不当で「志次第」とせよ、とされた。寺社奉行主導下の裁定だろうが、旦那場の権利は評定所で確認されている（後藤一九八三）。

また相模国愛甲郡愛甲村の萩原家史料には、絵馬大黒札配札の「檀中六け村……四百軒」を清水久太夫に八カ年季で売り渡した一八三〇年の証文が残されている。これらによって舞々の廻村・配札が旦那場慣行のうえでおこなわれていたこと、それが寺社奉行など幕府によっても慣行的権利として認められ、売買もおこなわれていたことがわかる（厚木市秘書部市史編さん室一九八六年）。

盲僧、瞽女、座頭の旦那場

九州の盲僧は、地神《じしん》盲僧とも呼ばれ、平家琵琶を奏する芸能者であり、また地神経を唱え竈《かまど》払いなどをする宗教者でもあった。北部では太宰府天満宮、高良山、櫛田宮等に属して活動した。永井彰子の研究によれば「高良山本家座の盲僧の場合、幕末には……平均して七～八百軒の檀家を一つの盲僧坊が持っており……盲僧の営業圏に対する権利が所有の対象となったとき、檀家という形をとった……筑前の事例では、檀家を軒単位で売買の対象や抵当とされていた……」という（永井一九九二）。岐阜の恵那郡久須美村の瞽女屋敷の史料に天保九年（一八三八）の「旦那場村数覚」という史料が残され、二四カ村が旦那場として書き上げられている（三好一九七九）。

江戸中期以降、大和を勧進して廻る座頭に対し、村々が厳しい対応を取ってくる様相が中川みゆきによって分析されている（中川一九九四、九五）。その最も早い時期の例として、一七一四年の「村中倹約書」が挙げられるが、そこには「婚礼葬礼仏事等の節座頭、隠亡、非人番のやから、祝布施物の儀、祝言愁傷のみぎりねだり取り候に付き……向後分量あい定め候事」とあり、一二二カ村が連合して布施を定額で抑えるよう申し合わせている。

諸々の勧進に対し、広域の村々が連合してこうした対応を取る事態は、十八世紀半ば以降各地に見えるが、この大和の事例には、時期の早さと藩・領を越える一二二カ村・六郡という規模に注目させられる。旦那場関係が、村々の連合によるこうした動きによって次第に否定されていく、注目すべき事例とその研究として、挙げておきたい。

民間陰陽師・万歳の旦那場

吉田栄治郎の研究によると、一六九七年に土御門家に入門した吉川家は「幕末には添上・添下・山辺・式下・平郡各郡を『南在檀中』とし……二六カ村の旦那場と一八〇軒の旦那家を持って毎年祈禱のために廻在」したことが史料からわかる。彼らの活動の一つである暦師としては売暦と賦暦があったが、賦暦は「陰陽師としてそれぞれの旦那場をまわる際の土産物にしたものである」という（吉田一九九二）。奈良の民間陰陽師は土御門家の編成を受ける以前から一定の集団を持っていたものとされている。

近世に土御門家の支配するところとなった三河万歳などの場合、檀家帳を作成し、旦那場よりも檀家と表現される場合が多い。とはいえ、例えば上州新田郡世良田村と森下万歳の争論（一七四五。後述）を記した守山鎮一蔵文書に「旦那場例年あい勤め回り申し候」と旦那場との表現も見え（西尾市史編さん室一九七二）、西尾市守山憲司蔵文書の「譲り渡し申す檀那證文の事」では「江戸府中宿ならびに在八王子町甲州道帳面の通り我ら先祖より控え旦家にござ候」と、この地域・場を三両で売り渡している（鈴木一九九〇）。個々の檀家のみならず、旦那場とも意識され売買もされたのである。

なお、檀家を譲り受けた場合、万歳師は以前に廻っていた人の名前を引き継いで、旦那廻りを勤めた。それによって複数の名前を持ち、旦那に応じて使い分ける形となった（神谷一九八一）。

この事例から、名乗りが旦那場の関係で決まってくる傾向があったと推定される。非人はしばしば欠落したが、後任の非人が前任者の名を引き継いでいるケースが多い。これも上記と同様の現象だろう。

塚田孝は、非人組織内と町方との関係とで非人が〝異なる呼称を持つ〟ことを指摘したが、これも同様の事情によるものだろう――塚田は、非人と旦那場の町との関係は個人的な人格的関係だとしたが（塚田一九八九）、そうではなく、勧進者集団の一員として旦那場の売買・譲渡にかかわったゆえに生じた形態なのである。

修験の旦那場

東北地方の修験の旦那場は一般に「霞」と称した。森毅の「修験道法度と霞状」（森一九八六）からその様相の一端を見てみる。

慶長十八年（一六一三）の「修験道法度」で「諸国の山伏は筋目に任せ入峯致すべし、当山本山は各別の儀に候の条……」と、本山派（聖護院）と当山派（醍醐三宝院）が「格別」とされたが、この時点では、修験が両派のどちらかに属さねばならない状態ではなく、羽黒派修験の独立は認められていたが、その後、本山派修験の進出によって羽黒修験との旦那場をめぐる争いが、相馬を皮切りに盛岡、仙台、最上などで起こり、貞享元年（一六八四）には幕府評定所で裁決された。その結果、羽黒修験は「本山の霞場に住居するに於いては本山行事の支配を受けるべき事」、「自今以後旦那場を霞と称せざる事」と裁定され、修験の霞は本山派が統括することとされ、羽黒派修験は、霞と称することを禁止され、旦那場と称した。

本山派の霞（下霞）は、地域を統括する年行事が、個々の本山派修験に預けるという形態で、そうした形を示した「霞状」が発行された。また、本山派の支配下に入った羽黒修験に対しては、本山派の年行事が「旦那場」を「預け置く」という形をとった。これに対し羽黒派では、本寺《ほんじ》が山内衆徒《さんないしゅうと》に対してのみ霞状を発給し、末派の修験（里修験）の霞を本寺が管理することは一切なかったという。この地方では後発の本山派は藩権力と結びつきながら教線を拡大した。そうした上からの展開が、霞を年行事が「宛行《あておこなう》」が如き、本山派の霞のあり方をもたらしたのだろう。

なお霞は、獅子頭の廻村の霞、神子の祈祭の霞などと、職能ごとに分割して扱われた。

さて東北の修験者の活動は多様で、権現様、お頭様と呼ばれる獅子舞が盛んになり、各地を廻村した。それを、本山派修験は霞を荒らすものとして問題にするが、例えば宮古市の黒森神楽は、度々の裁判で勝ちその権利を維持した。しかし黒森神楽は、本山派修験の一部の霞にはまったく入ることができず、しかも、その関係は近年まで持続していたという（神田二〇〇三）。

なお、吉野山の修験者の旦那場については、吉井敏幸の「近世吉野山檀那場経営の一形態」（吉井一九八六）などの研究がある。

四　長吏・かわたと芸能民・民間宗教者との争論

芸能民・民間宗教者の村々、旦那場を廻る活動の中では、様々な争論があった。それらは、在地の「賤民」（長吏・かわた・非人など）との争論と芸能民・民間宗教者の相互の争論、と二つに大別できる。

先に後者に関して述べると、例えば舞々と万歳・陰陽師（その職分を統括する土御門家）は舞・神楽・万歳などに関して、元禄期などに訴訟をもって争い、敗れた神事舞太夫の頭・幸松勘太夫は退役に追い込まれた（頭は田村八太夫に代わった）。舞々は夷社人《えびす》（「恵比寿願人」）とも争論となったが、主要な争点は、占い、卜算、祈禱などの宗教的呪術的行為や夷・大黒札、十二天札、絵馬などの配札に関して権限をどちらが持つかであった（林二〇〇五）。だから、これらは職分をめぐる争論と一括することができる。

幕府は、全国的規模の寺社権門しかこれら芸能民・民間宗教者の本所・本寺として認めない、という政策を取ったから（特に十七世紀後半以後）、各地で地方的なあり方を持ち、時にはその地の寺社などの権威に依りつつ展開されてきた芸能・宗教活動の存立が、困難になった。「本所・本寺」による再編・系列化と、芸能民・民間宗教者の職分の再編や奪い合いが、争論をともなって進行した。ここでの土御門家の動きや先に見た本山派修験の動向はそうした幕府の政策を背景にしたものであった――とはいえ、こうした本所による編成と支配（「家職」化）は、一律に隈なく進んだわけではない。〝新たな〟「本所・本寺」に抵抗しつつ自律性を維持しようとする動きも根強くあったことを特に付記しておきたい――これらを〝常に幕府などによる公認化を指向する〟存在とする塚田孝らの括り方（論理）に、筆者は〝上からの目線〟を感じる。

近世の地域社会には様々な芸能民・民間宗教者が廻村したから、それぞれが所持する旦那場は、その芸や宗教行為（峯岸にならって関係行為と総称）ごとに、独自の仕切りを持って別個にあり、いわば重層的に存在した。関係行為を異にするこれら相互の間では、争論は、旦那場の争奪というより、職分の侵犯や争奪をめぐって現れたのである。

では前者、長吏・かわたとこれらの人々との間には、どのような関係と争論が生じたのか。その点を見ていこう。

長吏など「賤民」と芸能民・民間宗教者との争論も、芸能の権限をめぐる争いという点で、上記と共通性があり、「賤民」「被差別民」の研究に重要な論点となる。だが先に結論的に述べれば、そこには、区別すべき特徴と差異があった。基本的に職分の争奪ではないという点である。旦那場をめぐる争いであり、それは、異なる位相と性格を持つ二つの旦那場の相剋ともいえる。以下いくつかの事例をとおして見ていく。

時宗鉦打《かねうち》と上州世良田村長吏の争論

鉦打は磬打、鐘打とも書かれ、鉢叩《はちたたき》とは別で、時宗に属す半僧半俗の民間宗教者である。享保八年（一七二三）に、世良田村普門寺門前に居住する時宗鉦打・八左衛門が「茶筅《ちゃせん》四、五本づつ賦《くば》」ったのを、「所の穢多」がとがめたことで争論となった。とがめたのは世良田村長吏小頭・藤十の配下であった。鉦打・八左衛門の所属する上州譲原・満福寺（いわゆる「小本寺」）が寺社奉行所に出訴した。この事件は、浅草・弾左衛門が寺社奉行へ証文・謝り状を出して決着し、その写しが譲原・満福寺に残されていた。

それによれば弾左衛門は「別して支配に仕まつるべしと申す儀にてはござなく候」と認め「頭これ有るものを支配筋のように取り扱い候儀は重々無調法に存じたてまつり候」と詫びを入れている――自分の指示のように藤十がいっているのは「偽」だといっているが、これは言い訳だろう。基本的には長吏の行為は不当なものとされ、弾左衛門はそれを認めたのである。

ところが、とがめる側の論理も次のように述べている。謝り状では、鉦打は勧進貰いの節は「私共方（藤十方）に参り……檀那場の門廻り」をしたこと、「支配にこれ無き諸修行等も附け届け致し来候ようあい聞こえ」「右長吏藤十方へ届け仕り候者、鉢扣《はちたたき》も茶筅七本宛あい賦り檀那場の門勧進を仕りたき由あい届け申し候、その外、傀儡師《くぐつ》、万歳、猿引、しし舞、大神楽、読売、ささら、こきう、この類もそれ……の藝を仕り、右の如く場中を勧進仕り度き由、あい届け申し候」（河野一九三三、高野一九八三）と、芸能民・宗教者がいずれも、長吏に届けて勧進して廻ったことを、一歩引いた形ながら主張しているのである。

世良田の長吏は届けのないことを問題にした。あくまでも届けを受ける関係の維持をねらったのであって、「茶筅配り」という形での勧進を自己の配下に収めることを目的にしたのではない。職分を争奪する争いではないのである。

時宗という本寺の明確な鉦打の勧進に、関東の長吏の旦那場権が及ぶことは許容されようはずはない。それは認めたが、なお、職分・芸態・業態にかかわらず、自己の旦那場へ出入りする限りは、届け（「挨拶」「礼儀」とも）を受ける関係、他種の人々の関係行為をも事実上何程か管理する関係を、維持しようとしているのである。

なお、同じ世良田の長吏については、三河の森下万歳が、一七四五年に「廻勤」を止められ寺社奉行に訴え出たときの文書が残されている（守山鎮一蔵文書）。文書は、残念ながら肝心の部分が一部欠け、詳細がつかめないが、事の性格としては同様と解される。結果は三河万歳の勝訴であったという（西尾市一九七二）。

なお、世良田村は、利根川北岸に位置して鎌倉時代から市が立った所で、弾左衛門はその謝り状に「世良田村長吏藤十は……先祖丹六より五百年ほど罷《まか》りあり……」とも記している。家康は、源氏の末裔だとして将軍の位置に就くが、そのために世良田村の「小名・徳川」の新田氏から先祖が出たと称し、後に天海がここに東照宮を建てた。

近代には、水平社初期の一九二五年一月に、二十余戸の部落が村民およそ二千人による襲撃を受けた所として知られている。こうした事件の背景にも、この地域の、歴史的事情が作用しているように思われる。

宇都宮小頭・弥五兵衛と下野国今和泉村大神楽職との争論（安永八年・一七七九）

「三六〇カ村」（旧宇都宮領全域か？）を旦那場に持つ弥五兵衛が大神楽職・菊地遠太夫に神楽を依頼したところ「穢多・非人に神楽を勤めたことはない」と断られ、弥五兵衛と菊地遠太夫は対立関係に入った。遠太夫は、以前は長吏に「挨拶」をしていたようだが、「宇都宮祭礼の節に先払いの獅子舞」を勤めるようになって以後、挨拶はしなくなった。これに反発して長吏集団側が厳しいチェックに出たと思われ、遠太夫は「職分に障る出入」として寺社奉行所に訴え出た。

伊勢大神楽であることが作用してだろうか、弾左衛門役所側は「非人・物貰・乞胸・袖乞の類、穢多小頭へ届の上村々を徘徊いたし候儀はその所々の仕来りを用い候までにて、弾左衛門方よりきっと申し付け置き候筋にもこれ無く、もちろん大神楽職のもの家業は別段の儀に付き大神楽職ひと通りの芸をもって渡世いたし候を穢多よりあい障りようこれ無き旨これ申し候」と、大神楽の芸は「別段」、「届け」のことは小頭に任せていると、低姿勢である。同時に、弥五兵衛は、遠太夫は「一組七八人連にて三味線を弾き浄瑠璃をかたり、あるいは顔を彩色し狂言をいたし、村々をあい稼ぎ」という業態で、「非人・乞胸の稼ぎいたし候あいだ……村々（旦那場）へ立ち入らせ」なかったのだ、と主張した。職分にかかわる主張も加えられたのである。

この件の決着は、遠太夫が大神楽職を猥《みだ》りにしたとのことで「急度《きっと》叱り」になった。〝非人と紛らわしい行為で非人の職分を侵した〟として、長吏側の主張が認められたのである。しかし、長吏への「挨拶」は不要とされ、長吏の場所的仕切りは認められなかった。大神楽本来の職分と独自の旦那場は、否定されてはいない（「百箇条調書」による）。

武州鍛冶屋街道村（現八王子市）と大神楽職の争論（元文三年・一七三八）

この争論は、安永七年（一七七八）に弾左衛門が江戸町奉行所へ差し出した文書の内に述べられている。そこで弾左衛門は、偽文書である治承四年の「二八座支配」文書を掲げて「古来は私支配のもの」とし、「古来は右ていの稼ぎを仕り候素人より、私方へあい届け候儀、承り伝え候えども」と自分の支配・権限を滲ませながら、（一七三八年に）自分の主張が入れられたとして経過を述べている。〝大神楽は自分の支配下にはないが、「勧進場せまく、諸勧進のもの入り込み候ては……非人ども稼ぎ薄く罷りなる儀故……猥《みだ》りには入れ申さず……あい届け申し候儀に付き」と陳述して、寺社奉行の「大神楽の者共、後叱の上」との裁許をえた〟と書き上げているのである。この一七七八年の文書は、『法曹後鑑』から『徳川禁令考』に引かれたものだが、日付は九月二十九日で、先の弥五兵衛と菊地遠太夫のケースの裁許も九月である。両者は関連文書と見なしうるだろう。

それはともかく、元文三年（一七三八）の八王子の件では弾左衛門側の主張は、何がしか認められたと読める。しかし、その少し後の一七五八年に同じ八王子で起こった相撲との争論では、長吏側の権利は否定されている。相撲年寄はその事件に先立ついくつもの事例を引き合いに出して、奉行所を介して、弾左衛門側に取締りを要求している（『法制史史料集』による）。

信州松本領の長尾組一日市場村《ひといちば》における、戎太夫《えびす》、獅子太夫と「穢多」との争論

貞享四年（一六八七）に、現松本市に近い旧一日市場村で起こった争論が、内済された時の「覚書」が残されている（「小島文書」）。ここで文書を全文紹介し、勧進場をめぐる長吏と戎太夫、獅子太夫の関係が、組中の庄屋達に仲介され「相談の上」、どう捌《さば》かれたか見てみたい。なお戎とは夷・恵比寿の類、獅子太夫は神楽師・舞々の類であろう。

覚

一、長尾組一日市場村戎太夫・獅子太夫共と同村の穢多と礼儀上下の争い仕《つかまつ》り、公事に取り結び申し候について、何も再三立合い相談の上扱い、あい済し申し候事

一、穢多・戎太夫・獅子太夫、互に当所居村にて礼儀仕り候儀は無用に仕るべく候、双方用事これ有りて出入りの事は各別の事

一、戎太夫、先規定より穢多方へ戎を配り申す上は、自今以後も前々の通り穢多共方へ戎入れ申すべく候、その外、もし穢多より下場之家職を仕り、旦那所順行仕り候はば、穢多の方へ宿礼仕り廻り申すべく候、

一、獅子太夫の儀は、獅子舞・猿楽いずれにても穢多より下場の家職を仕り、旦那所を廻り候節は、その所々にて穢多方へ宿礼あい勤め廻り申すべく候、居村にては無用に候、

一、口寄神子の儀は、女の儀に候えば穢多の方より構え候儀は無用に仕るべく候、穢多の所にて口寄を申し候事は相対次第に仕るべく候、戎太夫・獅子太夫は口寄と類族にて候、外に家職を仕

らず候て、口寄神子をつれ世間を廻り申すに穢多方より構い申すまじく候、然れども戎太夫・獅子太夫何職にても穢多より下之家職を仕り世間順行仕り候節は、穢多方へ宿礼を仕り廻り申すべく候、戎祭を申し旦那所を廻り申し候節は宿礼仕るべく候、右、双方家職上下の差別は存ぜえず候えども、御公儀様迄も公事を申し上ぐべしと互に争論仕り候に付いて、内証にて静《しず》め口論を止めさせ申すべくため、組中庄屋共再三打ち寄り、何れも相談の上かくのごとく扱いあい済し申し候上は、この書付の通り互にあい心得、以来言い分仕るまじく候、そのためこの書双方へ渡し置き申し候、後日のためよってくだんの如し。

貞享四卯年十二月

争論は、戎太夫・獅子太夫と同村の穢多との「礼儀上下」の争いと把握され、周辺を含む村役人らのところで裁定され、内済となった。史料が一点のみなので、前後の事情等がわからず解釈は難しいが、要点をまとめると概略次の①～⑤のようになる。

冒頭第二項目で、①「当所居村では」と限定付きながら「礼儀は無用」とされ、末尾で、「双方の家職上下の差別は存じ得ず候とも」と、曖昧な表現ながら「上下」の主張や「礼儀」の要求は、一般的には入れられていない、と判断できる。

次に、戎太夫、獅子太夫、口寄神子との具体的関係では、②第三～第五の項目で、戎太夫、獅子太夫、口寄神子の順に、共通して、〝(もし)穢多より下(場)の家職(の行為)をして旦那所を廻る時は、そこの穢多方へ宿礼して廻るべし〟とされた(ここでの「下場之」の語意は「下之」と同じだろう)。恐らく「穢多」からの礼儀の要求があり、「穢多」支配下の「家職」(職分)の場合はと、限定付きながらも入れられたと読める。しかし、何が下（支配下）の家職なのか、判定・明言はしていない。なお、いずれも「当所居村」外の場合である。

第三〜五項目の内容を個々に見ると、③第三項・戎太夫では、戎・大黒の札配りでは、「穢多」との上下は問題にされていない。戎太夫の札配りの自立性は当然だったのである。問題になったのは、戎札を「穢多」に配る・配らないで、その点は従来通り（配るべし）とされた。

④第四項の獅子太夫では、率直に読むと「穢多方に宿礼すべし」との裁定である。戎太夫の配札とは裁定が違っている。それは獅子舞・猿楽を「穢多」の職分の如く認識したからだろうか（獅子舞の芸の態様がどうだったのか？　そこが一点気になる）。それとも村方は、獅子舞の廻村は芸能だから、「穢多」に規制させようとしたのだろうか。

所は異なるが同じ信州で、浅草の神事舞太夫の許状、夷太夫宛の西宮社人の許状などが元禄年間に見いだせる。舞々、夷などの本所との関係形成の動きは、上記の如き争論が起こる状況への対応形態だったのだろう（西田かほるによる）。

⑤第五項・口寄神子については、類族の戎太夫、獅子太夫が随行した場合でも、口寄に穢多方より構うことはできないと、自立性が認定されている。しかし「戎祭を申し旦那所を廻り申し候節は宿礼仕るべく候」と、戎祭の場合は明確に「穢多方へ宿礼」すべしとされた。

③⑤の戎太夫の配札と口寄神子の口寄には、自立性を明確に認めている。それらが宗教的行為と把握されたからだろう。対照的に、神子の戎祭の場合が、「穢多方へ宿礼」すべきとされた。④の獅子舞の場合も、限定つきながら「穢多方に宿礼すべし」とされたことと通ずる裁定であろう。戎祭は芸能であるとして区別され、「穢多」による規制の対象とされたのか、それとも戎祭の芸態ゆえに、「穢

多・非人」の芸（職分）との判断と解すべきだろうか。戎祭とはいかなる芸・行為だったのか、残念ながら不明である。

さて、「上下」も「礼儀・挨拶」も、一般的には否定されており、その点では前記の宇都宮大神楽の場合とよく似ている。しかし、一部の芸能、「獅子舞」「戎祭」などで地域を廻る場合「宿礼」の要求が認められた。それらの芸態はわからないが、その芸を長吏の支配する職分とするような主張や裁定があったわけではない。だが、それらの芸能に関しては、彼らの独自の旦那廻り（勧進）を村方が認めようとしなかったことを意味すると思われる。。それにより、彼らは村への出入りに長吏による規制を受けるものとされたのである。

宇都宮大神楽の争論は、幕府寺社奉行所の裁定であったが、一日市場村の場合は、周辺数カ村による裁定であった。こうした村方の裁定という事情が、「上下」「礼儀・挨拶」を一般的には否定しながら、長吏による（芸能民の入村の）規制を一部に強く残す内容に投影しているのではなかろうか。

ところでこの史料には、長野県の塚田（万羽）正朋の研究があり、また西田かほるも少し違った解釈をした（これらと筆者の解釈は違う）。解釈の違いは、芸能民の活動と長吏・かわたとの関係に関する重要論点となると思われるので、そこを検討しておきたい。

塚田正朋は、「戎・獅子舞はえたより下職であり……」、非人とえたとが「上下だてを争」うのと同様に、戎太夫・獅子太夫とえたとの上下関係が争われ、前者がえたの「下職であり……と決めている」とした（塚田一九六〇、八三）。「下場之」「下之」の語に「下職」（支配下の職分）の概念をあてはめ、えたの「下職」＝えた支配下の職分と裁定した、と解釈したのだが、史料には「下職」の語はなく、解釈に飛躍と無理がある。

芸能がえた支配下の職分・下職であったとする、原田伴彦らの見方が既に存在し、それを前提として解釈されたのだが、それは成り立たない。「弾左衛門二八座」をはじめ長吏側からする「えたの下職」との「主張」はあったが、実は、職分や身分の支配ではなく、旦那場をめぐる「礼儀・挨拶・届け」の要求のための主張であった。この点は、「弾左衛門二八座」の項で再説したい。ともあれ、当時旦那場論は不在で勧進廻り関係の認識は薄かったから、争点・裁定が、芸能民と「えた」の上下の関係、職分や身分の支配関係として、誤って分類されたといえよう。

もう一つの見方は西田かほるによるが、西田は、この史料の「下場」を（狭義の）勧進場と読み、「穢多より下場之家職」とは即ち「穢多」が勧進権を掌握していたこと（そこから戎太夫・獅子太夫らが自立していく）を表していると解した（西田二〇〇三）。

ところが、事実に関する大きな誤認があった。関東などでは狭義の勧進場には「上場」の語が充てられ、「下場」は皮取場を指して使われていた（西田は逆に解した）。上記文書では「下場の家職」は「下之家職」と同義で用いられているから、〝支配下の家職〟との含意で、ここは狭義の勧進場も皮取場（下場）のどちらをも意味してはいない、と判断できる。西田は争点を勧進権をめぐるものと見た点で研究の進展をふまえて史料に向かいあったといえるが、〝えたが芸能民の活動を支配した〟という旧来の見解を脱しえず、上記・傍点部分のような見方になったと、筆者には思われる。

以上四つのケースから、東国の長吏あるいは弾左衛門は、民間宗教者・芸能民の職分を奪おうとしたり、そこに進出しようとしたのではなく、それらが、自己の旦那場内の村を勧進しようとしたとき、「届け」「挨拶」「礼儀」を要求したのが争論の中心だということが判明する。先に、職分の争いとは言い難い、と述べたのはその意味である。菊地遠太夫の場合のように、ボーダー領域が絡んでいる場合もあるが、それ以外は芸・宗教行為などの関係行為自体を、長吏・非人の職分だとは主張しなかった。またしえなかったのである（なお、ここに挙げた事例では、長吏側の挨拶の要求は、芸や配札を拒んだ大神楽、戎太夫への対抗策の側面を持っていたようにも感じられる）。

　裁定をみると時宗の本山、伊勢神宮や土御門家などの権威の下にある場合、あるいは武家の保護を受けた相撲などは、長吏への「届け」「挨拶」「礼儀」も不必要と認定されていることがわかる。しかし、弾左衛門側は「二八座」支配の偽文書を出し、場合によって低姿勢ながら、かつては「届け」「挨拶」「礼儀」があったとか、旦那場が狭いので生活に響くとか、粘り強く主張している。多様な人々の勧進廻りを事実上自己の統制下に置くことをねらい、またそのことでなにがしかの上がりも期待したのだろう。

　なお、勧進場が狭く生活に影響する、とした弾左衛門の口上は、竹皮をめぐる争論での口上と酷似している。弾左衛門は竹皮に権利が無いことを述べながら、関東では竹皮が少ないからとして権益の確保を願い、そこでは一定の成果を挙げている。

　元文三年の八王子の件のように、幕府が上述の主張を認めた場合もあったことが注目される。十七世紀後半から、廻村する浪人や虚無僧への対応策を村々から求められて、幕府は、「合力」「助成」を求める者、また勧進する人々を、規制し排除せよとして、そのために「穢多・非人」を使えと村々に強く指示した。地域において規制・排除を担う者にはそれ以前にも「穢多・非人」が充てられていた。幕府が弾左衛門側の主張を認める場合があったのは、そうした関係が前提にあったからであろう。

三河の「非人」と万歳師との争論（一七五〇、一七八八、一七九八年）

勧進廻りする人々を現地において規制する行動を取ったのは、弾左衛門の配下や長吏に限られない。三河の「非人」にも同様な動向があり、争論があった。藤井寿一によれば、三河の非人と万歳師との争論が標記の三度確認できる（藤井一九八八）。これらでは、万歳の本所として幕府から重くみられた土御門家が相手だったためか、すべて非人が敗れている。

まず、一七五〇年の事件の概要と結末を、林淳（林一九九八）が紹介した史料から見てみる。三河国の西別所村の万歳師・池田佐内が羽明村を万歳祝言中、名主家門前で番非人・太八に「無届け」を理由に止められた。「代々百余年来当村であい勤め」て来たが「届」など聞いたことも無い、と主張した佐内に、太八は、万歳は「我等共の手下《てか》」だと主張して佐内を打擲《ちょうちゃく》した。万歳側からの提起で名主が太八を呼び出して質したところ、太八は「万歳はこの方廿八ケ条の手下の内」（弾左衛門家の偽文書の二八座のこと）だと主張した。争論は、非人頭（青木）権蔵と岡崎藩非人頭才六とに訴えられたが、進展なく、土御門家関東触頭から寺社奉行所に持ち込まれた。才六・権蔵は、「さようの書物」は私どもにはない、として詫びを入れ、非人側敗訴で一七五三年に内済となった。

次の一七八八年の時も同様に「手下」と主張し、一七九八年にはまたも「廿八ケ条」の書物を論拠としている（藤井一九八八）。

諸勧進を「手下」と主張し、管轄しようとする指向が三河の「非人」に強くあったことがうかがえる（三河では「非人」が強力で、その頭が長吏を称する時もあった）。弾左衛門家の偽文書がその根拠付けとして活用（？）されているのは、先に挙げた事例と共通し興味深い（徳川氏と関係が深い土地柄もあって弾左衛門家の文書が意識されたのだろうか）。

三河国における非人と「説教者」（ささら）との争論

近松寺《こんしょうじ》は、十八世紀初頭に兵侍家《ひょうじけ》に代わって関蟬丸宮の実権を握り、ささら支配の再編を押し進めた（一七一二年に「賤業」からの離脱を要求）。正徳五年（一七一五）、三河国の某村役人に宛てた書状に、近松寺は「先月……上野山村に罷りあり候説教者平八と申す者、その御村へ説教の勧進に参り候ところに、その村番人ども咎めその上説教者所持の道具等押え申し候ゆえ、迷惑致し候段ここもとへ申し出候、元来説教者は番人共が咎め申すものにてはござ無く候」と書いた（塚田一九九二B）。番人（番非人）達による「咎め」「障り」があったこと、それを排除し勧進権を確保することが説教師（ささら）達の要求であったことが述べられている。「非人」達は、ささら説教の勧進にも（万歳師に対するのと）同様の対応をしていたと推定できる。

信州伊那島田村の笠之者の職分をめぐる争い

文化的には尾張や三河に近い信州伊那の、「笠之者」の事例を、西田かほるの研究（西田研究会資料）によって紹介する。「礼儀」をめぐる争いではなく、この件では、職分が否定され（奪われ）「笠之者」は衰退に追い込まれた。

伊那の島田村には十数軒の「笠之者」が居り、春田打（豊作を願う予祝の芸）、二季勧進（二季は春秋の節句）、歌恵比寿（芸態は不明）などを演じて廻り、その一部は十八世紀に、西宮神社から編成を受け、夷職（夷社人）となった。

一七四二年に笠之者は、飯田藩の谷川者の頭・七左衛門から、自分の支配下に入るか「職分」をやめ夷職傘下に入るかと迫られた（谷川者は上小屋・ささらと下小屋・「非人」から成るが）。これに夷職・牧下斎宮も同調する。この場合の「職分」は二季勧進と春田打で、谷川者・七左衛門はその権利の取り込みをねらい、牧下斎宮は、その「下賤の」職分を切り離しつつ、笠之者を支配下に組み込み歌恵比寿を掌握することを企図し、両者の利害が一致したと推定できる。この挟撃に対し笠之者は先代の領主から春田打の面を貰った由緒を根拠に抵抗し、この時点では、「先規の通」と独立した位置と職分を守った。経過をみると、争点は職分と支配だったのである（史料でも挨拶・礼儀・届けに関する文言は一切出ていない）。

ところが一八〇九年に、村方は、笠之者が不心得だとして頭の交代を要求する。これに抵抗した笠之者から村役下役（見廻り・警備など）を取り上げ、谷川者に依頼するという行動に出た。上小屋（ささら）の弥市と下小屋（「非人」）の善太がこれにあたることになった（その後弥市一人となる）。笠之者や藩がどう対処したかはわからないが、結局村方の処置により「下役」は谷川者に渡された。春田打など笠之者の職分も否定されたのである。旦那場も職分の否定により消失させられたろう。

後の文政十一年に弥市は谷川から島田村に引っ越し、やがて「嶋田笠村跡勤め」を担い始め、周辺村々も受け入れていった。笠之者の芸の春田打は一度は途絶えたが、その後弥市を担い手として再開された。「笠」の職分であった春田打は、ささらの職分として復活したことになる。

ではは旦那場関係はどうなったか。谷川のささらの旦那場上で勧進されたのだろうか。それとも旧来の笠之者の仕切りが踏襲されたのか。関心が引かれるがそこはわからない。

芸能民や民間宗教者の廻村・門付を規制しようとする村や町の動向とその発言力は近世後期に強まってゆく。しかし、島田村でも後年春田打の復活を図ったように、宗教的芸能もなお村々に必要だったのである。類似した事例として、鉦打を村方の内から出そうとして本所・本寺と交渉している例（下総）があり、また陰陽師を村内から出そうと、土御門家江戸役所と折衝している例（相模）もある。

笠之者は小さな地方的存在であった。また谷川のささらも、伊那地域への近松寺の編成の波及が十九世紀と遅れたため、全国的編成とは違い、非人と隣接して居住して七左衛門の支配を受け、村の「下役」も務めた——東海地方のささらは、十八世紀に関蟬丸宮の支配権を握った近松寺から「賤業」からの離脱を要求された——。在地的なあり方が根強く残っていた。そこに新たな変化が創り出されたのである。

この事例からは、地域的に生成した小さな芸能・宗教的集団が、他集団との競合、近世的な本所・本寺の攻勢、村方の規定力の増大などにあって、職分を奪われ、集団の存立にかかわる大変厳しい事態に直面したことが見える。

「穢多」が「こも僧……の尺八を押へ取」る（大分）

元禄七年（一六九四）、大分新貝村で、「穢多」が「こも僧の儀は穢多の下にてござ候ところに、この方へ付け届も仕らず我儘なる儀を申し候につき、尺八を押へ取」ったことがあった。

庄屋たちは、士分として振る舞った虚無僧だからか、慎重に扱い尺八を返して相手の了解を取った。ところが「穢多」は、庄屋の措置を不満として大勢庄屋宅に押しかけ、尺八をこちらに戻せといっている（福岡部落史研究会一九九六）。つまり、自分らの権利としての主張があった。よって一般的な警備に伴う行動という以上に、虚無僧を勧進者と見なしての規制・行動のように考えられる。幕府が、廻村する浪人者などの「帯刀」する者の「合力」の要求に応ずるな、取締りに「穢多・非人を使え」と村々に布達したのは一七六九年以後であるから、この元禄の時点での行動は、そうした政策の影響ではない。

虚無僧の活動は、近世中後期には、村々と契約して「留場《とめば》」という縄張り形態を採った。これは旦那場の一変形である。近世社会における旦那場的な慣行の広がりを示すものともいえるだろう。

「挨拶・礼儀・届け」、弾左衛門「二八座」の偽文書、櫓銭の取得

前節の中で、長吏・かわたが様々な芸能民・民間宗教者に対して、「挨拶・礼儀・届け」を要求した事実を見、それが、その集団自体を支配下に置くことや、芸や宗教行為を自分の職分とする性格のものではないことを明らかにしてきた。

では、こうした争論に絡んでしばしば取り上げられてきた、弾左衛門家の「二八支配」の文書（冒頭の「長吏」を含めると二九座）をどう理解すべきだろうか。

長吏、座頭、舞々、猿楽、陰陽師、壁塗、土鍋、鋳物師、辻目暗、非人、猿引、鉢扣、絃指、石切、土器師、放下、笠縫、渡守、山守、青也、坪立、筆結、墨師、關守、鐘打、獅子舞、蓑作、傀儡師、傾城屋、右之外道の物數多附有之候、是皆長吏は其上たるへし、此内盗賊の輩者長吏として可行是、風呂屋湯屋は傾城屋の下たるへし、人形舞は皆々二十八番の下たるべし、末世異論

候ては　め悉達如件
治承四年九月　日
頼朝（花押）
系圖
鎌倉住人藤原弾左衛門頼兼

この文書によって、冒頭に記された長吏が、他の芸能民や職人を支配したと主張された。かつては研究者の中からも、二八座の人々が、長吏の支配下、「賤民」の位置から次第に脱していくもの、という理解の仕方が強く出され、そうした意味で、二八座の人々を、長吏の「下職」と表現する場合が多かった。

この文書が偽文書であることは、今日では自明のこととされている。にもかかわらず〝関東では弾左衛門が芸能民を一定支配しており、その支配から脱却しようとする動向があった〟という形で叙述される場面に、しばしば出会う。安易な誤認といえばそれまでだが、これは「挨拶・礼儀・届け」に表現される関係と、支配の関係、職分の関係を区別せず、混同していることに起因する。背景には旦那場に関する無理解があったといえよう。

内容を点検すると、長吏や弾左衛門が、二八座の人々の身分はおろか職分を支配した事実もまったくない。文書にある舞々・舞太夫については、関東では、長吏との抗争すら記録されていない。鐘打（鉦打、しばしば磬打とも）をとって見ると、前節でも、弾左衛門自身が明瞭に「別に頭（本寺）がある」と述べている。別個な存在だったことは明白である。また、それらの人々の人別を徴したり、役を負担させたり、検断をした事実はなく、人的集団的な支配をしていないことも、議論の余地はない。

では、この文書はいかなる意味を持ったのか。存在したのは、村々に出入りする際、互いの旦那場にかかわる場合に「挨拶・礼儀・届け」をするかしないか、という争いであった。一七三八年の事例で述べられているように、また三河の非人の主張にもあるように、そうした際に弾左衛門二八座の偽文書が持ち出された。また幕府もまた、そうした長吏の規制の行動を是認する場合は、これを活用する傾向があったのである。

〝弾左衛門が芸能民などを支配〟という見方に関係して、もう一つふれると、江戸で伝えられる金剛太夫事件（一六六七）や歌舞伎が〝弾左衛門支配からの自立〟をなし遂げた画期とされる「勝扇子」事件（一七〇八）も、そこで争われたのは、長吏に櫓銭（十分の一銭）を支払うか否かの関係である。「支配」という語は適切ではない。その性格は「挨拶・礼儀・届け」と基本的に同じと、筆者は考えている。

芝居は、古く河原など町・村の境界部分において、臨時的に小屋を建てて営まれた、その境界部を仕切るものとして長吏・かわたがいたのである。そうした芝居の性格は次第に変化し、常設的な小屋や空間も現出した。町・村との関係も変貌していった。その先に、櫓銭を拒み、その歴史も含めて否定せんとする芝居集団や興行主、町・村の動向が生まれ、強まっていったのである。そしてまた、芸能・興業への凶客や通り者の関与が次第に強まってゆく。

とりわけ関西では十七世紀後半から、十八世紀にかけて、多くのところで櫓銭をめぐっての争いが生じた。それは、歴史的環境の変化の中で、旦那場関係が争われていく、その歴史的一断面を端的に示すものであったといってよかろう。

おわりに——旦那場関係の歴史的位置と性格

本書では近世に絞って叙述しているが、旦那場関係はどのような歴史的位置にあるのだろうか。今後深めるべき課題として仮説的に私見を記し、結びに替えたい。

中世をみると、畿内の「宿非人」（犬神人、つるめそなどとも呼ばれる）の統括下にあった乞食《こつじき》がいたが彼らに「乞場」と呼ばれる「勧進場」があったこと、また京中の葬送権を持ち、そこにも場所的な権利の仕切りが存在したことなどが判明している。河原者の牛馬の解体については、旦那場を具体的に示す史料は極めて少いが、被差別民の営みに旦那場慣行がすでに存在したことは間違いなくいえるだろう。

大和では、応永三十二年（一四二五）の斃牛馬処理に関する草場・旦那場の史料が残され、天正期・十六世紀後半には三浦圭一が分析した和泉国鶴原の史料が現れる。なお駿河のかわた彦八に宛てた一五二六年の文書を初めとして、各地の皮作り集団に宛てた戦国大名文書が数十点確認されており、中に皮剝、皮商の専業権を認めた文書もある。皮剝の前提に斃牛馬の入手が必要だが、そこには言及はない。皮作集団に委ねられていたからだろうか。

少ない史料だが、旦那場関係は中世には存在した関係と考えられる。なお、その始まりを具体的に論ずることはできないが、旦那場は宗教的・呪術的とされる職能・文化の領域に存在するから、筆者は社会的分業（経済行為のみならず文化的営みも含める）の変化から推定する作業仮説を立てている。ある領域の営みが特定の社会集団によって担われるという社会状況（具体的には中世初期か）が旦那場関係の始期を規定するのではなかろうか。

では近世はどう考えるべきか。旦那場関係は近世に広がり普遍性を確立したもの、とは筆者には考え難い。むしろ中世的なものであり、近世に複雑に変容しながら存在したことが特徴ではないだろうか。

中世末期～近世前期に百姓・町人（平人）による地縁共同体が体制的に確立してくる。それは、長吏・かわたを排除し、多様な芸能民・民間宗教者をその外縁に遠ざけた過程でもあった。芸能民・民間宗教者は、本所・本寺の支配下への編成を受け、宗教者（寺社奉行所管轄）の扱いを受けたが、次第に平人の下層に組み込まれていく様相が見える。それに対し、長吏・かわたは、その営みに近世的なケガレの烙印を押され、別個の制度的身分ともされた。こうした中で制度的にも専業が残され、「穢多共規定」が残った。「賤民」の専業的な営みと独自の旦那場は、歴史的な宗教的・呪術的性格を背後に持ちつつも、宗教・呪術とは見なされなくなっていく。なお、中世には得意場など、旦那場に類する権利形態を持ち、呪術的技能集団と見られた職人の多くが、近世初期には百姓・町人に組み込まれていった。社会的位置の分岐が広がり、長吏・かわたへの差別が厳しくなり、旦那場権の動揺も進展した。地域的偏差も大きくなったのではあるまいか。

明治維新後は、その変革により旦那場関係は否定される。制度としては一挙に、慣行としても相当急激に消滅していった。勧進・門付は、維新後直ちに政府によって否定された――しかし、地域的現実はかなり違っていたと思われる。斃牛馬処理権を否定する「勝手処置」令は明治四年三月に、八月の「解放令」（賤民制廃止令）に先立って布告された。「身分の撤廃」より先に「権利」が否定されたのだが、その背景には斃牛馬処理制度撤廃の要求が平人（百姓・町人）の側からあったとの推定ができる。その後も事実上の慣行として残った場合はあったが、状況は大きく変化した。旦那場制は、明治維新期に基本的に解体されたといってよかろう。

しかし部落差別は残った、あるいは再編成されていった。長吏・かわたをはじめ「賤民」の系譜を持つ集団は、近代日本において差別的な処遇を受け続けた。明治六年頃から西日本に広がった〝新政反対一揆〟の中で賤民制度復活の要求が掲げられ、被差別部落への襲撃・虐殺が各地であった。東日本でも様々な否定的対応が伝えられている。明治維新の約半世紀後に全国水平社が設立され燎原の火の如く広がったのは、そうした現実への対応であった。

そこで、部落差別や芸能民・民間宗教者への差別と旦那場という関係・権利のあり方をどのような関係でとらえるのかとの設問が必要となる。被差別は旦那場所有ゆえと短絡させることはできない。しかし、芸能民・民間宗教者を冒頭から「被差別民」と記したように、被差別民と旦那場所有とには、切っても切れない関係があるのも事実だろう。

旦那場関係が相当の変容を受けつつ残ってきた歴史的経過の中に、今日なお残る部落差別に繋がる重要な要因も含まれている、と筆者には思える。本書も、そこを考える手掛かりとしたい。

〈参考文献〉

青木孝寿　一九八〇「南信濃地方における前近代部落史の研究」『長野県短期大学紀要』三四号
秋澤　繁　一九八〇「土佐藩の郷株について」『高知市民図書館報・別冊　平尾道雄追悼記念論文集』高知市民図書館
足利市史編纂委員会編　一九七九『近代足利史　第三巻』足利市
厚木市秘書部市史編さん室編　一九八六『厚木市史　近世資料編1　社寺』厚木市
アビラ・ヒロン　一九六五　佐久間正・会田由訳『日本王国史』（大航海時代叢書）岩波書店
飯山市誌編纂専門委員会編　一九九三『飯山市誌　歴史編　上』飯山市誌編纂委員会
池上裕子　一九九九『戦国時代社会構造の研究』校倉書房
池田秀一　一九九二「職場日割帳についての一考察」東日本部落解放研究所編『東日本の近世部落の具体像』明石書店
石井良助編　一九七八『近世関東の被差別部落』明石書店
井原今朝男　一九九六「中世東国における非人と民間儀礼」『中世のいくさ・祭り・外国との交わり—農村生活史の断面』校倉書房
茨城県史編纂委員会編　一九七一『茨城県史　近世社会経済編Ⅰ』茨城県
今市市史編纂委員会編　一九七四『いまいち市史　史料編近世4』今市市
今市市史編纂委員会編　一九七三『いまいち市　史料編近世1』今市市
臼井寿光　一九八四『兵庫の部落史　第二巻』神戸新聞総合出版センター
宇都宮市史編纂委員会編　一九八一『宇都宮市史　第五巻　近世史料編Ⅱ』宇都宮市
卜部　学　一九八四「弾左衛門支配下における『場主』の性格」『一橋研究』六五号
　　一九八五「近世賤民集団の『場』の構造」『歴史評論』四二二号　校倉書房
榎本弥左衛門　二〇〇一『榎本弥左衛門覚書—近世初期商人の記録—』平凡社
大内寛隆　一九八五「近世における被差別身分の実態—三春藩の周辺」小林清治先生還暦記念会編『福島地方史の展開』名著出版
大熊哲雄　一九九〇「弾左衛門支配に関する研究ノート・三役銀を中心とする上納金の変遷から（1）〜（3）」『部落問題研究』一〇三、一〇四、一〇七輯　部落問題研究所
　　一九九二「弾左衛門役所の三役銀賦課と印判」東日本部落解放研究所編『東日本の近世部落の具体像』明石書店
　　一九九四「長吏と市の関わりについて」東日本部落解放研究所編『東日本の近世部落の生業と役割』明石書店
　　一九九六「関東の旦那場」全国部落史研究交流会編『部落史における東西』解放出版社

二〇〇〇「弾左衛門支配の構造と性格」全国部落史研究交流会編『部落史研究4 弾左衛門支配と頭支配』解放出版社
二〇〇六「長吏旦那場とその質入れについて」『明日を拓く』六六号 東日本部落解放研究所
二〇〇八「虚無僧の留場について」『明日を拓く』七二号 東日本部落解放研究所
二〇〇九「青梅地域の長吏・非人とその旦那場」『解放研究』二三号 東日本部落解放研究所
大多喜町史編纂委員会編 一九九一『大多喜町史』大多喜町
岡雄一郎 二〇〇五、〇六「えた頭弾左衛門配下組織の研究 上・下」『解放研究』一八、一九号 東日本部落解放研究所
岡田あさ子 二〇〇三「北関東・下野国小頭に関する一考察」『解放研究』一六号 東日本部落解放研究所
尾崎行也 一九八二『信州被差別部落の史的研究』柏書房
二〇〇〇「近世前期上田領内盗難考」『信濃』五二巻四 信濃史学会
小山市史編纂委員会編 一九八二『小山市史 史料編近世Ⅰ』小山市
金森正也 一九九二「秋田藩城下久保田の『町穢多』について」東日本部落解放研究所編『東日本の近世部落の具体像』明石書店
鹿沼市史編纂委員会 二〇〇〇『鹿沼市史 資料編近世Ⅰ』鹿沼市
神谷和正 一九八一「三河万歳のあゆんだ道」永井啓夫・小沢昭一編『ことほぐ—萬歳の世界』白水社
川田純之 一九九四「徘徊する浪人の社会」『歴史と文化』栃木県歴史文化研究会
神田より子 二〇〇三「権現舞と修験者」『山岳修験』三二号 日本山岳修験学会
鯨井千佐登 二〇〇四「仙台藩領の『癩人小屋』について」『東北学院大学 東北文化研究所紀要』三六号
黒田俊雄 一九七二「中世の身分と卑賤観念」『部落問題研究』三三輯 部落問題研究所
群馬部落研東毛地区近世史学習会編 一九九六『下野国半右衛門文書』群馬部落研東毛地区近世史学習会
河野悦然 一九三三「修行の沙彌」『業《カルマ》』三号
国書刊行会編 一九七八『続々群書類従 第十二巻』続群書類従完成会
後藤正人 一九八三年「幕府評定所に懸けられた関東の旦那場訴訟と『権利観念』」『部落問題研究』七五輯 部落問題研究所
小林茂編 一九九五『近世被差別部落関係法令集』明石書店
小丸俊雄 一九六八「相模国における近世賤民社会の構造」『日本歴史』二三七号 吉川弘文館
一九六九「相州に於ける近世末解放部落の経済」『日本歴史』二五五号 吉川弘文館
斎藤洋一 一九八七『五郎兵衛新田と被差別部落』三一書房

二〇〇四「信州の近世部落の旦那場」『解放研究』一七号　東日本部落解放研究所
坂井康人　二〇〇五『被差別部落の生活』同成社
二〇〇〇「正月・八朔における草履・箒の進上について」『解放研究』一三号　東日本部落解放研究所
二〇〇六「近世における勧進の変化と地域社会」『解放研究』一九号　東日本部落解放研究所
二〇〇八「旦那場と地域における警備活動―下野の国を中心に」『解放研究』二〇号　東日本部落解放研究所
佐久市志編纂委員会編　一九九二『佐久市志　歴史編（三）　近世』佐久市
佐藤泰治　一九九〇、九二、九四「越後の身分制度と渡し守　上・中・下」『解放研究』四、五、七号　東日本部落解放研究所
柴田光雄　二〇〇四「近世中津郡における芝権をめぐって」『部落解放史・ふくおか』一一六号　福岡部落史研究会
菅根幸裕　一九九〇「近世の村の聖～聖俗に関する一考察」網野善彦編『列島の文化史』七号　日本エディタースクール出版部
鈴木　実　一九九〇「土御門家と三河万歳（前編）」安城市教育委員会文化財課編『安城歴史研究』一六号　安城市歴史博物館
西播地域皮多村文書研究会編　一九七六、七七『近世部落史の研究　上・下』雄山閣
高市光男　一九八三「愛媛」部落問題研究所編『部落の歴史　西日本篇』部落問題研究所
高野　修　一九八三「時宗教団における沙弥について」『藤沢市文書館紀要』六号
高埜利彦　一九八九『近世日本の国家権力と宗教』東京大学出版会
高橋裕文　二〇〇五「近世中期水戸領皮多集団の構造と職業」『解放研究』一八号　東日本部落解放研究所
竹末広美　二〇〇一『日光の司法　御仕置と公事宿』随想舎
種村季弘　二〇〇六『江戸東京《奇想》徘徊記』朝日新聞社
塚田　孝　一九八五「近世の身分制支配と身分」『講座日本歴史5・近世1』東大出版会
一九八七『近世日本身分制の研究』兵庫部落問題研究所
一九八九「異なる呼称」『人文研究』四一巻一〇冊　大阪市立大学文学部
一九九二A「アジアにおける良と賤」「牛馬骨の流通構造」『近世身分制と周縁社会』東大出版会
一九九二B「芸能者の社会的位置」同前書
塚田　孝ら編　一九九四『身分的周縁』部落問題研究所
二〇〇〇『シリーズ　近世の身分的周縁1～6』吉川弘文館
塚田正朋　一九六〇「『部落』の成立について」『信濃』一二巻七号
一九八三「長野」部落問題研究所編『部落の歴史　東日本篇』部落問題研究所

一九八六『近世部落史の研究―信州の具体像―』部落問題研究所
一九八九「松本藩穢多頭旦那場条々解説」部落問題研究所編『部落史史料選集　第二巻』部落問題研究所
鶴岡市編　一九六二『鶴岡市史　上巻』鶴岡市
東金市史編纂委員会編　一九七八『東金市史　史料編３』東金市
東部町誌編纂委員会編　一九九〇『東部町誌　歴史編　下』東部町誌刊行会
東部町教育委員会編　一九八〇『資料集　東部町の被差別部落』東部町教育委員会
徳島県教育委員会編　一九七六『徳島県部落史関係史料集　第一集』徳島教育委員会
栃木県史編纂委員会編　一九七四『栃木県史　史料編近世（一）』栃木県
栃木県同和地区文化遺産調査委員会編　一九八〇『被差別部落の生活と文化』栃木県教育委員会
鳥山　洋　二〇〇五「近世相模の被差別部落史の再検討」『解放研究』一八号　東日本部落解放研究所
二〇〇七『神奈川の部落史』不二出版
中川みゆき　一九九四「巡在座頭の活動をめぐる地域社会の一動向」奈良県立同和問題関係史料センター『研究紀要』一号
一九九五「座頭祝銭をめぐる地域社会の動向」同前二号
永井彰子　一九九二「盲僧集団とその周辺」『佐賀部落解放研究所紀要』九号
長岡克衛　一九五八「ののー巫女の研究」『信濃』一〇巻一二号　信濃史学会
長野県編　一九七八『長野県史近世史料編　第二巻（一）』長野県史刊行会
一九七七「小島文書」『長野県史近世史料編　第五巻（二）』長野県史刊行会
一九八一『長野県史近世史料編　第七巻（二）』長野県史刊行会
浪川健次　二〇〇六「近世北奥地域における被差別者集団―弘前藩領の歴史的実態とその編成」『解放研究』一九号　東日本部落解放研究所
西尾市史編さん室編　一九七二『西尾市の三河万歳』西尾市教育委員会
西田かほる　二〇〇二「近世在地社会における芸能的宗教者」『歴史評論』六二九号　校倉書房
二〇〇三「近世の身分集団」『元禄の社会と文化』吉川弘文館
研究会資料「芸能的宗教者の諸相」『新体系日本史・宗教社会史』山川出版社　刊行予定
のびしょうじ　一九九八『食肉の部落史』明石書店
橋本鶴人　一九九六「習合神道神事舞太夫に関する一考察」『所沢市史研究』一九号　所沢市教育委員会

二〇〇四「近世相州の神事舞太夫と神楽師集団の動向」『民俗芸能研究』三六号 民俗芸能学会
二〇〇七、〇八「習合家神職集団の形勢と展開 上・下」『埼玉地方史』五六、五七号
林 淳 一九九八「土御門家と三河万歳集団」『道教とその周辺』名古屋民俗研究会
二〇〇五『近世陰陽道の研究』吉川弘文館
原田伴彦編集代表 一九八七「百箇条調書 巻十五」『編年差別史資料集成 第九巻』三一書房
原田伴彦編集代表 一九八八『編年差別史資料集成 第十巻』三一書房
東日本部落解放研究所編 一九九四『東日本の近世部落の生業と役割』明石書店
二〇〇七『群馬県被差別部落史料』岩田書院
樋口和雄 二〇〇一『信州の江戸社会―村や町の人間模様―』信濃毎日新聞社
二〇〇四 東日本部落解放研究所第一八回研究者集会「歴史」分科会発表資料
被差別部落の歴史と民俗編纂委員会 一九九四『小布施町における被差別部落の歴史と民俗』小布施町教育委員会
福岡部落史研究会編 一九九六『部落解放史・ふくおか』八三号 福岡部落史研究会
藤井寿一 一九八八「近世三河地方における非人身分と非人組織」『部落問題研究』九五輯 部落問題研究所
藤木久志 一九八七『戦国の作法』平凡社
藤沢靖介 一九九九「民間宗教者・芸能民と『賤民』―舞々＝神事舞太と、民間宗教者統制の研究から」『解放研究』一二号 東日本部落解放研究所
二〇〇一『部落の歴史像』解放出版社
二〇〇三「近世中期、老馬・病馬の扱いと屠畜にふれて」『明日を拓く』四八号 東日本部落解放研究所
二〇〇四「新たに〝発見〟された職場絵図について」『明日を拓く』五六号 東日本部落解放研究所
二〇〇五「旦那場・勧進場に関する研究ノート」『水と村の歴史』二〇号 信州農村開発史研究所
二〇〇七「『賤民』に関する明和・安永初年の幕府法令の一考察」『解放研究』二〇号 東日本部落解放研究所
二〇〇八～九「（連載）部落・差別の歴史」六～一五回『部落解放』解放出版社
藤沢秀春 一九八六「鉢屋覚書」後藤陽一・小林茂編『近世中国被差別部落史研究』明石書店
藤本清二郎 一九七七「近世『斃牛馬処理制』の展開と解体―畿内を中心として」『日本史研究』一八一号 日本史研究
一九八三「広島」部落問題研究所編『部落の歴史 西日本篇』部落問題研究所
前 圭一 一九七四「近世末解放部落の斃牛馬処理権」『部落問題研究』四一輯 部落問題研究所

牧　英正　一九七六「近世皮多の斃牛馬処理権」西播地域皮多村文書研究会編『近世部落史の研究　上』雄山閣
　一九八〇「安永期以降における幕府の身分政策について」『同和問題研究』四号　大阪市立大学同和問題研究室
松下志朗　一九七九「久留米藩の被差別部落について」『部落解放史・ふくおか』一八号　福岡部落史研究会
　一九八五「鹿児島藩の被差別部落」『九州被差別部落史研究』明石書店
三浦圭一　一九七六「一六世紀における地域的分業流通の構造」永原慶二編『戦国期の権力と社会』東大出版会
水本邦彦　一九八七「広義の裁判と集団の掟」朝尾直弘ら編『日本の社会史　第五巻』岩波書店
南河内町史編纂委員会編　一九九二『南河内町史　史料編三近世』南河内町
峯岸賢太郎　一九八三「関東」部落問題研究所編『部落の歴史　東日本篇』部落問題研究所
　一九九六『近世被差別民史の研究』校倉書房
三好一成　一九七九「岐阜県東濃瞽女の生活史」『どるめん』二〇号　ＪＩＣＣ出版局
望月町教育委員会編　一九八六『望月の町民の歴史』一〇集　望月町教育委員会
森　毅　一九八六「修験道法度と霞状」『山岳修験』二号　日本山岳修験学会
山口啓二　一九八五「近世武蔵における部落問題」一八回東日本部落問題研究集会
湯本軍一　一九九四「天領中野陣屋における牢屋の存在形態」東日本部落解放研究所編『東日本の近世部落の生業と役割』明石書店
横山陽子　二〇〇〇「近世会津地域における賤民の存在形態」『記録史料と日本近世社会』千葉大学大学院社会文化研究所
吉井敏幸　一九八六「近世吉野山檀那場経営の一形態」『山岳修験』二号　日本山岳修験学会
吉田栄治郎　一九八六「近世初頭のかわたと斃牛馬処理権」『部落解放研究』四八号　部落解放研究所
　一九九二「近世大和の陰陽師と奈良暦」村山修一ら編『陰陽道叢書　第三巻』名著出版
　一九九四「斃牛馬無償取得体制の動揺と地域社会の動向」奈良県立同和問題史料センター『研究紀要』一号
　一九九六「西日本の旦那場」全国部落史研究交流会編『部落史における東西』解放出版社
脇田　修　一九七二「近世封建制と部落の成立」『部落問題研究』三三輯　部落問題研究所

大熊哲雄（おおくま　てつお）

一九四二年東京都生まれ。群馬県部落史研究会に所属。高校教員のかたわら近世部落史研究に従事。共著『部落の生活史』（部落問題研究所）『東日本の近世部落の具体像』（明石書店）など。

斎藤洋一（さいとう　よういち）

一九五〇年千葉県生まれ。学習院大学史料館勤務を経て、現在は㈶信州農村開発史研究所に所属。著書は『五郎兵衛新田と被差別部落』（三一書房）『被差別部落の生活』（同成社）共著『身分差別社会の真実』（講談社現代新書）など。

坂井康人（さかい　やすと）

一九四九年栃木県生まれ。東日本部落解放研究所会員。主な論文「正月・八朔における草履・箒の進上について」（『解放研究』一三号　東日本部落解放研究所）など。

藤沢靖介（ふじさわ　せいすけ）

一九四二年東京都生まれ。七一年、部落解放運動に参加。七四年東京部落解放研究所創立に参加。八六年東日本部落解放研究所設立に参加し、その歴史部会に所属。著書は『部落の歴史像―東日本から起源と歴史的性格を探る』（解放出版社）など。

旦那場《だんなば》　近世被差別民《きんせいひさべつみん》の活動領域《かつどうりょういき》

二〇一一年十一月十五日　第一版第一刷発行

著者　大熊哲雄／斎藤洋一／坂井康人／藤沢靖介
発行者　菊地泰博
発行所　株式会社　現代書館
東京都千代田区飯田橋三―二―五
郵便番号　102-0072
電　話　03（3221）1321
FAX　03（3262）5906
振　替　00120-3-83725
組　版　日之出印刷
印刷所　平河工業社（本文）
東光印刷所（カバー）
製本所　ブロケード
装　丁　中山銀士

校正協力／西川　亘

Printed in Japan　ISBN978-4-7684-5664-4